Bologna 30 GENNAIO 2022

edito Una vita di stelle library

Group A.V. ITALIA S.R.L.®

unavitadistelle@gmail.com

www.unavitadistelle.com

Bologna

Storia dei costumi sessuali

Questo testo è un saggio frutto delle valutazioni personali degli autori.
Nomi, personaggi, luoghi e avvenimenti sono usati in modo fittizio.

Maurizio Bossi, Sergio Musitelli

BREVE STORIA DEI COSTUMI SESSUALI OCCIDENTALI

Dalle veneri paleolitiche al Covid-19

Storia dei costumi sessuali

Chiuso in redazione 2022-01-04
In copertina: affresco pompeiano
“Proculo e sua moglie”

Sommario

"La storia dei costumi sessuali è, in sintesi, storia della nostra "cultura sessuale" (S. Musitelli).

1. Premessa

La “scoperta” della medicina del 900? Anche alle donne piace!

Eravamo partiti con: *"Lei mi ha reso felice, io l'ho resa madre: siamo pari" («Elle m'a rendu heureux, je l'ai rendue mère: nous sommes quittes»)*. Così scriveva Restif de la Bretonne (1734-1806) e il suo pensiero compendia l’idea millenaria che l’uomo ha avuto della sua compagna. Ma perché sino all’inizio del 900 la donna non doveva provare piacere durante il rapporto? A questa domanda hanno cercato di dare una risposta tanti ricercatori in questi anni ma la soluzione forse è molto più semplice e la proporremo tra poco. Andiamo per gradi. Diciamo innanzitutto che la ***"gratificazione sessuale femminile"*** non è stata mai molto considerata da una società maschilista in cui l’imperativo era dominato dalla soddisfazione del maschio e dal compito affidato alle mogli di far figli, crescerli, affinché il patrimonio della famiglia potesse essere trasmesso o, nei casi meno felici, perché quei figli rappresentassero altrettanta forza lavoro nelle mansioni agricole. Con alterne vicende la condizione femminile non è molto cambiata (almeno in occidente) per secoli. Proponiamo una breve riflessione su questi punti. Demostene (384-322 a.c.) sosteneva: "per il piacere abbiamo le cortigiane, per accudirci ogni giorno le concubine, per darci figli legittimi ed essere guardiane fedeli della casa le spose". Insomma, tre donne per ogni uomo con diverse funzioni. Ancora alla fine dell’800 la medicina ufficiale non dimostrava alcun interesse per la sessualità femminile se non per contenerla o per... placare il "furore uterino". Così infatti venivano definite le "femmine iperattive" che poi, sempre sbagliando, vennero chiamate "ninfomani". Ed ancora, si deve allo psichiatra G. Abrahm l'affermazione: "...per molti decenni di questo secolo nella nostra cultura occidentale si è pensato che la pulsione sessuale fosse una forza ingovernabile e pericolosa che poteva scatenarsi in ogni momento e rendeva schiavi di passioni forti e primitive. Per questo ***l'educazione era basata prevalentemente sui divieti.*** E la pedagogia era unicamente quella delle proibizioni". Ma allora perché società, chiesa, diritto (pensiamo alle norme, ora abrogate, sull'adulterio), morale comune hanno congiurato contro la donna? La risposta di alcuni studiosi è sconcertante. "altrimenti la donna avrebbe potuto avere interesse anche per altri rapporti (leggi maschi) con confusione delle paternità". Insomma è come se l'uomo avesse elaborato il seguente pensiero: "le nego la sessualità, dico che è male e peccato. Dunque con me fa figli e con gli altri non fa niente". Così per esempio sostiene la sessuologa americana Ruth Weisteimer nel suo libro "Buon sesso".

Così verrebbe interpretata la segregazione femminile (harem, clausura, lutto vedovile sino al chador), drammaticamente evidenziata dalle vicende afgane del 2021, e persino la comparsa del matrimonio monogamico. All'origine del matrimonio sta il fatto che l'uomo non poteva mai essere certo di essere il padre del bambino che la madre invece sa, con certezza, essere suo (Borneman,

"Dizionario dell'erotismo"). Poi, dalla metà del 900 finalmente si è studiata, capita e curata anche la sessualità femminile. E sono stati guai per il maschietto. Ma questa è storia dei nostri giorni.

Concludendo, a proposito di Covid-19 ed ironia degli storici. *"L'historia si può veramente deffinire una guerra illustre contro il Tempo".* La citazione manzoniana, ben nota al Professor Alessandro Barbero, celebre ed apprezzato storico medievista, non ha salvato però il nostro Accademico dalla prima battaglia del Coronavirus in Italia.

Tutto inizia il 19-02-2020. Il Professore, peraltro sempre dotato di "sens of humor" e di autoironia, è invitato ad una conferenza all'Università Statale di Milano rivolta ai giovani "millennial". Si definiscono con questo neologismo gli studenti, nati a cavallo degli anni 2000. Barbero nell'occasione, dice loro testualmente: *"...la storia non rallenta mai ... c'è la storia dei grandi avvenimenti, quelli che segnano una data ....* (e fa l'esempio del 1914-18) .... *Voi, giovani che mi state ascoltando, di date così nell'arco della Vs. vita non ne avete vissuto* (*"e vi auguro"*, non lo dice, ma lo sottintende, secondo questo redattore) *non ne vivrete"* ([1]). Due giorni dopo ci sarà un fatto che segnerà, in una data "cerniera della storia", il loro ed il

[1] https://www.youtube.com/watch?v=ToHQQZIXUSA

nostro futuro: il primo caso di SARS-CoV-2 all' Ospedale di Codogno.

Il Prof. Barbero simpaticamente definisce oggi questo aneddoto: un *"incidente"* ([2]), a dimostrazione che lo storico può insegnarci certo a non esser condannati a ripetere gli errori del passato ma, quanto a previsioni, meglio lasciarle agli statistici. Quest'ultimi, peraltro, si sa, sono adusi a "torturare i numeri", come hanno dimostrato grafici e tabelle che hanno inondato i media ed i social nei mesi pandemici.

Memori dell'aneddoto di Barbero proponiamo un solo modesto consiglio, per terminare. Per capire dove andremo (anche in sessualità) bisogna comprendere da dove siamo venuti e in un libro sulla **storia dei costumi sessuali** ognuno trova un po' di sé stesso, sino alle vicende pandemiche (2020-2021…) e i loro riverberi sulla sessualità. Basta cercare nella pagina giusta, salvo errori e previsioni!
Questo è stato il nostro intendimento scrivendo le pagine che seguono. Una semplice raccolta di spunti di riflessione che culmina ai giorni nostri in un tempo di cui la storia ufficiale ci racconterà molto.

---

[2] https://www.youtube.com/watch?v=htK6vETMQgs

BREVE STORIA DEI COSTUMI SESSUALI OCCIDENTALI

"La scienza non serve che a darci un'idea della nostra ignoranza"
(H. Lamennais)

2. Le culture arcaiche

Vi siete mai chiesti per quale motivo, nel caso di un improvviso spavento, ciascuno di noi lo ricordi o lo descriva esclamando: *"Mamma mia, che paura!"?* E come mai a nessuno passi nemmeno per l'anticamera del cervello l'esclamazione: *"Babbo mio, che paura!"* o: *"Babbo mio, che male!"?* Si potrebbe interpretare come un fatto derivante dall'inconscio, come un'espressione del "complesso di Edipo", ma questa spiegazione non regge di fronte al fatto che le donne, dovrebbero esclamare istintivamente: *"Babbo mio, che male! Che paura!"*. E, invece, no: anche le donne esclamano sempre: *"Mamma mia, che paura! Che male!"*.

Matriarcato

Il fatto è che quest'invocazione affonda le sue più lontane radici nella nostra storia, ossia nelle più antiche civiltà mediterranee delle quali noi per gran parte siamo inconsapevolmente eredi. Esse avevano prevalentemente una religione matriarcale ed un sistema sociale anch'esso fondato sul matriarcato e nel quale, quindi, vigeva la poliandria, esattamente come la dèa femminile per eccellenza, la Grande Madre o la Signora delle fiere (che poteva chiamarsi anche Cibele, Dèmetra, e con una quasi infinita varietà di altri nomi) si sposava, ossia si accoppiava, ogni anno a primavera con un nuovo consorte, un nuovo paredro, e rinnovava, così, il ciclo della vita. E si osservi che già la Grande Madre, all'aprirsi della primavera, era sempre vergine. I nostri stessi antenati preistorici, gli uomini della cosiddetta "civiltà gravettiana", vissuti fra 27.000 e 19.000 anni fa, ci hanno lasciato numerose statuette femminili, venute alla luce in Italia, in Russia, in Francia, appunto a La Gravette, in Dordogna, da cui deriva il nome di "civiltà gravettiana". Sono le cosiddette "veneri paleolitiche" che presentano evidenziate sino all'eccesso le natiche, e soprattutto i seni ed il genitale, testimonianza indubitabile di un culto particolare della donna, come fonte perenne di vita.

Minoici e Micenei

Il "femminismo" delle più antiche civiltà mediterranee (e forse europee) - soprattutto la Minoica o Cretese - fu poi soppiantato dal patriarcato, dal "maschilismo" della civiltà Micenea. Il fatto si spiega abbastanza agevolmente. Le precedenti civiltà erano prevalentemente agricole e appunto per questo la Grande Madre, la Madre Terra, era la divinità dalla quale dipendevano la vita e la sopravvivenza di tutti. I cosiddetti Micenei (Achei, Ioni ed Eolii) erano, invece, gruppi di tribù guerriere, addirittura prestavano la loro arte e potenza militare in qualità di mercenari a chi meglio li pagasse, e, quindi, era logico avessero un'organizzazione patriarcale e "maschilista" nella quale vigeva la poligamia (meglio definita "poliginia"). Le donne stavano in casa a filare la lana e a tessere la tela, attendendo il ritorno del marito guerriero, come la "saggia Penelope", la quale attende per vent'anni il ritorno del suo sposo, Ulisse. Questi, a sua volta, pur rimanendo "spiritualmente" fedele alla "legittima consorte", non è affatto monogamo, ma chiaramente poligamo: se la gode, infatti, con Circe e con Calipso, flirta con Nausicaa, ma ha come protettrice una divinità femminile, Pallade Atena, uno degli ultimi echi dell'antica Grande Madre. Segno evidente del riemergere, a tratti, delle caratteristiche della civiltà precedente nel quadro complessivo della nuova civiltà micenea che ad essa si è sovrapposta. E in comunità prevalentemente maschili, quali sono quelle micenee, per gran parte dell'anno lontane dalle proprie case, due fenomeni sono ovvi:

Omosessualità e donna oggetto

1. L'omosessualità maschile: il disperato dolore e l'ira bestialmente forsennata di Achille per l'uccisione dell'amico Patroclo si può spiegare solo nei termini di un intenso rapporto erotico;
2. La "donna oggetto", preda di guerra, che viene tenuta come schiava-concubina: l'ira di Achille (argomento dell'Iliade) è determinata dalla pretesa di Agamennone di prendersi Briseide, la schiava-concubina di Achille, per rimpiazzare Criseide, la sua schiava-concubina, che deve essere restituita al padre Crise, sacerdote di

Apollo, per placare l'ira del dio che sta falcidiando con una pestilenza l'esercito degli Achei. E l'ira di Achille non gli fa provare pietà alcuna per la strage di compagni d'armi compiuta da Ettore e dai Troiani, mentre viene scalzata solo dalla ben più violenta ira che lo coglie quando Ettore gli uccide Patroclo. Evidentemente gli eroi achei "vestiti di bronzo" erano amfigeni, ossia si univano indifferentemente sia con i loro commilitoni, sia con le femmine, prigioniere di guerra o mogli legittime e illegittime.

"Amicus Plato,
sed magis amica veritas"
Aristotele (384-322 a.c.),
Etica nicomachea, i, 6, 1.

3. Civiltà antiche.

Atene e Sparta

In epoca storica, fra gli Spartiati, ossia la popolazione dorica che intorno al XII-XI secolo a.C. impose il suo dominio sui precedenti Micenei, il rapporto fra uomini e donne era di circa 7:1. Che l'omosessualità maschile caratterizzasse gli "eroi delle Termòpile", con il grande Leònida in testa, era, quindi, più che ovvio! Ma anch'essi dovevano essere amfigeni, poiché le donne spartane continuarono a partorire "forti figli"! Situazione opposta si incontra in Lesbo e, in generale, nelle isole greche del Mare Egeo. Gli uomini validi, dediti prevalentemente alla milizia mercenaria ed alla mercatura, lasciavano l'isola all'inizio della primavera e vi facevano ritorno solo nel tardo autunno. Perciò in patria, per ben nove mesi circa all'anno, rimanevano solo donne, vecchi e bambini. Naturalmente normale e diffusa si affermò l'omosessualità femminile. Ma anche in questo caso dovette trattarsi piuttosto di amfigenia (anche se con una netta prevalenza di omosessualità), poiché le isole dell'Egeo rimasero perennemente ed abbastanza intensamente abitate. Completamente diversa è la sessualità nell'antica Atene. In essa troviamo compresente un'accentuata omosessualità maschile e femminile, ma anche un'eterosessualità non meno accentuata. Tuttavia i due fenomeni presentano caratteri decisamente nuovi ed originali.

Omosessualità

Da un lato l'omosessualità femminile è vista con estremo dispregio e come manifestazione di corrotta aberrazione. Lo afferma chiaramente il poeta Aristofane (450 ca. - 385 ca. a.C.) nel dialogo "Simposio" di Platone (429 ca. - 347 a.C.). Dall'altro, l'omosessualità maschile è intesa - soprattutto nell'ambito della classe sociale più elevata, cui danno voce Socrate (469 - 399 a.C.) e il suo discepolo Platone - come suprema espressione non solo della virilità, ma della superiorità del "vero uomo" sull'uomo che noi definiremmo "comune" e che, per il colto ateniese del V e del IV secolo a.C., è una specie di "basso mammifero umano", poco al di sopra del livello di una scimmia, una specie di caricatura grottesca" dell'uomo "vero". Mentre nell'uomo "normale", "comune", trionfano gli istinti e le passioni, il "vero uomo" è l'"*eléytheros*", il "libero", libero, appunto, non solo dal peso di un lavoro manuale dal quale ricavare di che vivere giorno per giorno (per cui il "vero uomo" coincide con il "ricco "e, quindi, inevitabilmente anche con il "colto" e con il "potente"!), ma anche, e soprattutto, dalle passioni e dagli istinti, poiché egli solo è in grado di far trionfare su di essi la ragione. L'anima dell'uomo - afferma Platone - è come una biga alla quale siano aggiogati due cavalli, uno bianco ed uno nero, e le cui briglie siano rette da un auriga. Con il cavallo bianco, Platone simboleggia la volontà; con quello nero gli istinti e le passioni; con l'auriga rappresenta la ragione. Finché l'auriga abbia polso forte e fermo, il cavallo bianco - che è in grado di recepire i comandi dell'auriga e, quindi, di eseguirli - riesce a resistere alla forza irrazionale del cavallo nero, il quale non sa recepire i comandi della ragione e tende sempre, da pazzo, a trascinare la biga fuori strada. Orbene: se l'uomo "vero" è colui che sa dominare le passioni con la ragione, tanto più sarà "vero uomo", quanto meglio saprà dominare con la ragione la più potente ed indomabile delle passioni: l'Amore. Sofocle (496 ca. - 406 a.C.), infatti, nella sua grande tragedia Antìgone lo definisce "invincibile in battaglia", e persino sul piano del mito, l'Amore è visto come il risultato di un "orroroso" atto cruento di inaudita violenza. Afrodite (il cui nome era sentito come derivato da "*aphrós*", che significa "spuma"), come dèa dell'Amore è figlia di Zeus e di Dione, ma come dèa della vita sessuale nasce dalla spuma provocata sulle onde del mare dalla caduta dei genitali e dal fiotto di sangue uscito dalla ferita di Urano, evirato dal figlio Kronos.

Eros

L'Amore, quindi, inteso come sessualità, presenta un aspetto tragicamente cruento! Nonostante ciò, esso tende al "bello". Ma il vero "bello" non è quello appetito dai sensi, dagli istinti, dalle passioni, che al massimo si identifica con il "piacevole", bensì quello che la ragione stabilisce essere il "bello" e che coincide sia con il "vero" che con il "bene", e che occupa il vertice di tutta la vita spirituale. La ragione dice che, in questo mondo concreto nel quale non è possibile comunque trovare la perfezione sublime delle idee, il "bello" è rappresentato dall' "efebo" (il giovane che ha appena raggiunto la pubertà) in quanto nel suo fisico si fondono il meglio della bellezza maschile ed il meglio di quella femminile. Quindi, la ragione guida la passione amorosa del "vero uomo "appunto verso il "vero bello", ossia verso l'efebo. Nel contempo l'amante maturo ha la gioia di plasmare un'anima nobile e l'efebo trova nell'amante una specie di amico-maestro-guida, il cui esempio e la cui costante conversazione lo farà riuscire uomo degno di questo nome. ([3]).

---

[3] Vale la pena di ascoltare questa celebrazione dell'omosessualità dalla voce del poeta comico Aristofane, uno dei personaggi del citato dialogo platonico Simposio, che è interamente dedicato, appunto, al tema dell'Amore. Il suo discorso inizia con la descrizione, in tono ironico-umoristico, dell'origine degli uomini e delle donne: essi sarebbero nati dalla divisione di certi esseri primitivi che erano una specie di fratelli siamesi, alcuni maschio-femmina, altri femmina-femmina, altri, infine, femmina-maschio. Una volta divisi, i due "mezzi esseri umani" vanno ansiosamente alla ricerca della loro perduta metà. Da qui deriverebbe - secondo lo scanzonato Aristofane - l'attrazione delle femmine per le femmine (da lui profondamente disprezzata), delle femmine per i maschi e viceversa (da Aristofane giudicata bassa espressione di bestialità) e, infine, l'attrazione del maschio verso il maschio, che è la più sublime: "Quanti...sono parte di maschio - afferma - danno la caccia al maschio, e finché sono fanciulli, cioè fettine di uomini (derivate dal mitico ed originario essere costituito dalla coppia maschio-maschio), amano gli uomini e godono a giacersi e ad abbracciarsi

Simposio

Il tipo di relazione illustrato da Aristofane aveva un carattere molto particolare, assai diverso dall'omosessualità generica fra due uomini adulti. Si tratta infatti di un rapporto fra un adulto maschio e un giovane, tra i dodici e i sedici anni, che si svolgeva secondo criteri molto formalizzati, cioè con un preciso rituale da seguire. Innanzitutto il rapporto poteva instaurarsi soltanto fra un adulto e un giovane entrambi liberi. L'adulto amante (detto "*erastes*") doveva corteggiare a lungo il giovane amato ("*eromenos*"), prima di ottenerne i favori. Il corteggiamento consisteva in piccoli regali e attenzioni – ad esempio vasi con dedica, brevi poesie, ecc. ([4]) di cui l'adulto circondava il ragazzo, il quale, da parte sua, era tenuto a contrapporre un atteggiamento di educata ma ferma ritrosia; ma soprattutto l'amante più anziano svolgeva l'opera di "educatore" del giovane, contribuendo

---

con gli uomini. E questi sono i migliori fra i fanciulli e i giovani, poiché sono i più virili per natura. Certo alcuni li dicono impudenti, ma è un giudizio falso. Essi, infatti, non si comportano così per impudenza, ma per l'indole forte, generosa e virile, in quanto amano ciò che è loro simile. E ne è grande prova il fatto che, una volta adulti, solo questi riescono capaci nelle attività pubbliche. Quando, poi, giungono in età virile, amano, a loro volta, i fanciulli, né l'indole loro propende verso le nozze e verso la procreazione, cui sono costretti solo dal costume. Se non ci fosse questa costrizione, ben lieti sarebbero di vivere fra di loro e senza nozze"

[4] Di veri e propri doni si trattava, e non di «compensi a prestazione avvenuta», come avveniva nel caso della prostituzione, fermamente condannata dai teorici dell'amore pederastico.

alla sua formazione culturale e mondana, e offriva al giovane la possibilità di fare il suo ingresso nella vita sociale e politica della città. In cambio di tutto questo il giovane era tenuto ad offrire all'adulto le sue grazie e a sottostare alle sue richieste sessuali. Di che tipo queste fossero, ce lo mostrano i numerosi vasi dipinti che ci hanno conservato scene di amore pederastico: essi ci presentano generalmente l'adulto che accarezza contemporaneamente il viso e i genitali del giovane, mentre quest'ultimo sembra spesso tenerlo a distanza con il braccio teso, mostrandosi ritroso alle *avances*; egli inoltre non mostra generalmente segni di eccitazione (il pene non è eretto). Il rapporto vero e proprio non era mai penetrativo: l'adulto, in piedi, si limitava a porre il suo membro fra le cosce del ragazzo ([5]).

Etère

Peculiari figure del mondo greco erano le *"etère"* greche. Non "prostitute" da angiporto, di bassa lega e ignoranti, ma "donne libere", intelligenti, colte e raffinate, quale fu, ad esempio, nell'Atene del V secolo a.C. Aspasia, amante di Pericle e protettrice del grande Fidia.

Nel mondo antico era presente e diffusa anche la "prostituzione sacra" - soprattutto nell'ambito delle

---

[5] I rapporti anali e orali erano assolutamente banditi da questo tipo di relazione, e considerati rudi e volgari (cfr. il giudizio negativo sulla sodomia dello stesso Platone in *Leggi* I, 8). Anzi, per il ragazzo che avesse accondisceso a un rapporto anale era addirittura prevista la possibilità che perdesse il diritto di cittadinanza!

culture mesopotamiche, fenicie e cananee - cui si affiancava, spesso, la "prostituzione ospitale". Questi due costumi sessuali sembrerebbero essere stati accolti, in diverse epoche, anche dalla società ebraica, la quale, tuttavia, li giudicò sempre frutto di oscena "fornicazione con gli dèi stranieri". Si veda la violenta condanna della presenza, accanto alle "ieròdule" (schiave sacre), anche degli "ieròduli" (schiavi sacri), ossia espressione di una "omosessualità sacrale", come di una "eterosessualità sacrale" sono chiare rappresentanti le "prostitute sacre".

Cultura ebraica

Si veda ancora, al tempo di Abramo (verso la fine del II millennio a.C.), l'episodio di Lot (Genesi, 19, 8 ss.), il quale, per proteggere dalle brame omosessuali di "tutto il popolo al completo" dei Sodomiti i due angeli che, con aspetto umano, egli ha ospitato in casa sua, offre ai maledetti peccatori le sue due figlie, premurandosi di precisare che "non hanno ancora conosciuto uomo". E si ricordi il saggio re Salomone, il quale (Re, 1, 11, 1 ss.), in vecchiaia, corrottosi e datosi alla "fornicazione con gli dèi stranieri", costruì "un'altura...per tutte le sue donne straniere, che offrivano incenso e sacrifici ai loro dèi", evidentemente ad imitazione del gagum di Babilonia, luogo di residenza delle "prostitute sacre", in seguito trasformatosi in vero e proprio postribolo! Ma nella Bibbia, accanto a tutto questo, c'è anche - e proprio nella più genuina tradizione ebraica - una prepotente eterosessualità. Basti ricordare da un lato la pena di morte stabilita a carico degli omosessuali (Levitico, 20, 13); dall'altro il vero e proprio inno all'amore eterosessuale, espresso, con i toni di una elevatissima ma anche esaltata e prepotente sensualità e con estrema arditezza di linguaggio, dall'Autore del Cantico dei Cantici, che, secondo una tradizione che non è del tutto da scartare, sarebbe addirittura lo stesso re Salomone. Qualunque sia la più o meno pudìca interpretazione mistico-allegorica che si sia data o si voglia dare a questo meraviglioso canto poetico, sta il fatto che esso esprime il trionfo di una potente e straordinariamente serena sensualità.

Letteratura e questione sessuale

Tornando al mondo greco, l'eterosessualità ha ispirato ampiamente la letteratura fra il V ed il IV secolo a. C. Sono, infatti, straordinaria testimonianza di una prepotente eterosessualità soprattutto due commedie di Aristofane: “Lisìstrata” e “Ecclesiazùse” ([6]).

---

[6] La prima è Lisìstrata, andata in scena nel 411 a.C.: le donne sono stufe che quei “fessi” di uomini continuino accaniti a fare la guerra, sordi ad ogni saggio consiglio di pace (siamo verso la fine della Guerra del Peloponneso, durata praticamente trent'anni e conclusasi con il crollo sia della vinta Atene, sia della vittoriosa Sparta!). Guidate, appunto, da Lisìstrata, esse decidono di imporre agli uomini di concludere la pace ricorrendo ad un'arma tanto feroce quanto efficace: uno sciopero generale e ad oltranza...del letto. Il fatto che gli uomini, dopo giorni e giorni di...digiuno, si arrendano senza condizioni e decidano di porre fine alla guerra sta a dimostrare che nell'Atene della fine del V secolo a.C. l'eterosessualità era vivissima, vigorosa ed impiantata su vaste e solidissime basi, in

Parafilie

Le civiltà antiche conoscevano anche una serie di manifestazioni che noi classifichiamo come devianze o parafilie. Fra le perversioni, una delle più diffuse doveva essere la zoofilia. Detestata dalla civiltà ebraica, e punita (Levitico, 20, 15 - 16) con la morte sia dell'uomo (o della donna), sia della bestia, alla zoofilia sembrano ricondursi alcuni episodi della mitologia greca: quello di Iò che, tramutata in vacca da Era (la consorte di Zeus), viene da Zeus fecondata con una carezza e partorisce Epafo; quello di Europa, rapita e posseduta da Zeus tramutatosi in toro; quello di Pasìfae, moglie di Minosse, che si fa fecondare

barba a tutte le più sottili dimostrazioni e le più sublimi teorizzazioni dell'"amore platonico"! Un pubblico prevalentemente costituito da omosessuali non avrebbe certo applaudito calorosamente una commedia che celebrava il trionfo delle donne e dell'eterosessualità! Nell'altra famosa commedia, Ecclesiazùse (Le donne in assemblea), rappresentata nel 392 a.C., sono ancora le donne che si danno con straordinaria grinta alla politica e, guidate da Prassàgora, fanno una vera e propria rivoluzione istituzionale: cambiano la costituzione ed inaugurano una specie di "comunismo integrale" e, soprattutto, decisamente femminista. Fra l'altro stabiliscono che per legge i giovani, prima di sollazzarsi con le loro ragazze, debbano soddisfare gli appetiti tanto famelici quanto repressi delle donne vecchie, e, in particolare, racchie. Grottesca rappresentazione del crollo di un'intera società costruita e gestita dagli uomini, la commedia aristofanesca, tuttavia, al di là della crisi totale determinata in Atene dalla Guerra del Peloponneso, ci rivela la presenza, in quella società, di una violenta spinta sessuale che violentemente esigeva soddisfazione dal toro di Posèidon, il dio del mare, introducendosi in una vacca di legno fatta appositamente fabbricare, e partorisce, poi, il mostruoso Minotauro (per metà uomo e per metà toro); quello di Leda, che Zeus feconda dopo aver assunto le sembianze di un cigno, e che partorisce...due uova, l'uno contenente i gemelli Càstore e Pollùce, l'altro le gemelle Elena e Clitemnestra.

Miti e realtà

Sono miti, è vero, ma dietro ad ogni mito sta sempre, in un modo o nell'altro, una realtà concreta. Nel mondo antico era sicuramente diffuso anche l'incesto. Ne danno testimonianza certa le severissime sanzioni previste dalla Bibbia (Levitico, 20, 11 ss.) che punisce il reato con la morte. La casistica relativa a questo reato è estremamente minuziosa e rigorosa, soprattutto perché l'incesto è considerato "fornicazione con gli dèi stranieri"([7]). Anche

---

[7] Leggiamo, infatti (Levitico, 20, 11 ss.): "Nessuno si avvicinerà ad una sua consanguinea per avere rapporti con lei. Io sono il Signore. Non recherai oltraggio a tuo padre avendo rapporti con tua madre: è tua madre; non scoprirai i suoi genitali. Non scoprirai i genitali della tua matrigna; sono i genitali di tuo padre. Non scoprirai i genitali di tua sorella, figlia di tuo padre o figlia di tua madre, sia essa nata in casa oppure fuori. Non scoprirai i genitali della figlia di tuo figlio o della figlia di tua figlia, perché sono i tuoi propri genitali. Non scoprirai i genitali della figlia della tua matrigna, generata nella tua casa: è tua sorella. Non scoprirai i genitali della sorella di tuo padre; è carne di tuo padre. Non scoprirai i genitali della sorella di tua madre, perché è carne di tua madre. Non scoprirai i genitali del fratello di tuo padre, cioè non ti accosterai alla sua moglie: è tua zia.

nella cultura greca l'incesto è visto con orrore ([8]). Platone lo stigmatizza pur sapendo - d'altra parte - che esso è normale in Egitto, soprattutto nelle famiglie nobili ed in particolare in quella del faraone, delle quali si voleva, in tal modo, preservare la purezza del sangue. Del resto anche nella religione egiziana l'incesto era rappresentato addirittura da tre delle massime divinità: Iside, sorella e sposa di Osiride, al quale partorisce Horo, il dio-falco. Ed anche nell'ambito delle civiltà dei Medi e dei Persiani, stando almeno a quanto ce ne dicono gli storici Eròdoto (484 - 428 a.C.) e Strabone (63 ca. a.C. - 20 ca. d.C.), l'incesto, al livello delle famiglie regnanti, era notevolmente presente, come fu anche nell'Egitto dell'epoca dei Tolomei (dopo il 323 a.C., data della morte di Alessandro Magno). Ma, ripescando nei miti e nelle tradizioni storiche, troveremmo chiare testimonianze

---

Non scoprirai i genitali di tua nuora: è la moglie di tuo figlio; non scoprirai i suoi genitali. Non scoprirai i genitali di tua cognata: sono i genitali di tuo fratello". E "scoprire i genitali" significa "avere rapporti sessuali" (il testo greco cosiddetto "dei Settanta" traduce addirittura "giacersi").

[8] Ce ne forniscono la testimonianza sicura i tragici miti rappresentati, per esempio, dalla tragedia Supplici, di Eschilo (525/24 - 456 a.C.): le 50 figlie di Dànao (le Danàidi) fuggono inorridite il matrimonio loro imposto con i 50 figli di Egitto, che sono loro cugini primi, in quanto Egitto è fratello di Dànao; o dallo straordinario Edipo Re di Sofocle (496 ca. - 406 a.C.), la tragedia alla fine della quale Giocasta si impicca perché, senza saperlo, ha sposato il figlio Edipo, dandogli ben quattro figli (Etèocle, Polinice, Ismene e Antìgone), ed Edipo, reso quasi folle dalla consapevolezza del suo amore incestuoso - sia pure involontario -, si acceca

anche relative al narcisismo: il mito, di Narciso, dal quale il fenomeno prende appunto il nome; alla scopofilia: basti ricordare l'episodio biblico della "casta Susanna" e dei due "vecchioni", libidinosi "guardoni" (Daniele, 13, 1 ss.), i quali, addirittura, ricattano Susanna per costringerla a soddisfare le loro brame sessuali. E se non ci fosse stato il bravo Daniele, che abilmente riuscì a dimostrare la falsità dell'accusa dei due "giudici del popolo", la casta Susanna sarebbe stata condannata a morte per adulterio! E in Grecia un mito narra che il venerando vate Tiresia divenne cieco per punizione divina: aveva avuto l'ardire di fare il "guardone" mentre la casta e vergine dèa Pallade si prendeva un bagno completamente nuda. Pare che il bagno, già a quei tempi, fosse un'occasione ideale per questa forma di perversione! Ma neppure mancano testimonianze relative alla necrofilia (l'accoppiamento con un cadavere), soprattutto in Egitto, dove una delle massime preoccupazioni dei parenti di una giovane defunta risulta essere stata, appunto, quella di evitare che gli imbalsamatori della Casa dei morti ne profanassero sessualmente il cadavere! Ovviamente, benché non ce ne siano state tramandate testimonianze esplicite, possiamo affermare con certezza che dovette essere assai diffuso anche l'autoerotismo. Ma l'Antico Egitto ci testimonia una forma particolare di autoerotismo, quello che potremmo definire "autoerotismo sacrale" o "autoerotismo religioso" (così come c'erano le "prostitute sacre"): l'arte figurativa egiziana, infatti, ci rappresenta a volte il faraone che, sdraiato supino, si masturba, emettendo il suo liquido seminale verso il cielo (che nella mitologia egiziana è divinità femminile, Nut, mentre divinità maschile è la terra, Geb), evidentemente per fecondarla.

"Sono gli Dei che danno questo ardore ai nostri animi o siamo noi stessi che facciamo di questo desiderio un Dio?"
(Virgilio) Eneide

4. Il mondo romano

Il quadro che ci offre il mondo romano presenta caratteristiche tutte sue particolari. In generale, possiamo dire che la società romana mostra due facce. Una è quella della "romanità" tradizionale ed anche, a dire il vero, per molti aspetti piuttosto retorica: compostezza, rigoroso rispetto dell'ordine pubblico, culto della famiglia e del focolare domestico, fedeltà coniugale, e chi più ne ha, più ne metta. L'altra è l'estremo opposto: sfrenata libertà sessuale, infedeltà coniugale diffusa, soprattutto nella classe sociale più elevata, prostituzione a tutti i livelli (dalle basse meretrici dei trivi e degli angiporti, alle prostitute di altissima classe, addirittura alle nobildonne che si danno, nascostamente, alla prostituzione), omosessualità anch'essa diffusa, ma, come vedremo, con aspetti ed in forme tutte particolari.

Mores majorum

Per quanto concerne la compostezza, la "gravitas romana", il rigoroso rispetto e l'occhiuta salvaguardia dell'ordine pubblico, la fedeltà coniugale, il culto della famiglia e del focolare domestico, basteranno pochi esempi. Quando, per scongiurare il "terrore annibalico", si introdusse in Roma il culto orgiastico della dèa Cibele, la Grande Madre, facendosene prestare la "Sacra Pietra" (un meteorite ritenuto la più antica immagine della dèa) da Attalo I, re di Pergamo, fu contemporaneamente vietato ai cittadini romani non solo di farsi sacerdoti del nuovo culto, ma persino di partecipare alle celebrazioni dei suoi riti orgiastici. I sacerdoti della Grande Madre, i Galli (che, fra l'altro, si eviravano a maggior gloria della loro dèa!) furono, quindi, costantemente e solo stranieri. Di più: partendo dalla Magna Grecia, attraverso l'Etruria si erano diffusi in tutta la Penisola, ed erano penetrati pure in Roma, i Baccanali, ossia i riti, orgiastici anch'essi, in onore di Diòniso/Bacco. In origine erano riservati alle donne, ma in seguito vi furono ammessi anche gli uomini, e ben presto corse la voce (forse un po' esagerata, ma, nel complesso, non molto lontana dal vero) che durante la loro celebrazione (che giunse a ripetersi sino a cinque volte al mese!), si commettessero indescrivibili oscenità e nefandezze sessuali. Nel 186 a.C., contro queste selvagge esplosioni di sessualità l'intervento dell'autorità fu radicale: per ordine del console Spurio Postumio Albino, e su consiglio del Senato, si arrestarono e si processarono ben 7.000 "baccanti", fra uomini e donne. La maggior parte di essi, uomini e donne, fu condannata a morte. I rimanenti furono chiusi in carcere. In tal modo quello che era considerato l'obbrobrio di riti osceni ed un pericolo mortale per l'ordine pubblico venne annientato. Ma i Romani furono sempre particolarmente rispettosi di tutti gli Dèi, anzi, furono sempre del parere che...più dèi ci sono, meglio è. Al fine, quindi, di non inimicarsi completamente una divinità (non si sa mai quali ne potrebbero essere le reazioni!), non si proibirono i Baccanali, ma se ne regolamentò rigidamente la celebrazione tramite un autorevole quanto minuzioso e particolareggiato "senatoconsulto", detto appunto "sui Baccanali": si potevano celebrare solo in particolari occasioni e solo se autorizzati dal Senato e potevano parteciparvi solamente cinque adepti, tre donne e due uomini.

Sesso pulito

Bisogna riconoscere che l'operazione "sesso pulito" fu decisa, radicale e definitiva. Quanto al culto della fedeltà coniugale, esso è testimoniato da un episodio che è, forse, leggendario, ma al fondo del quale, come sempre, deve trovarsi una realtà storica. Lucrezia, moglie di Tarquinio Collatino, violentata da Sesto, figlio di Tarquinio il Superbo (l'ultimo re di Roma), non può sopravvivere all'oltraggio e si uccide. Questo eroico sacrificio della vita sull'altare della fedeltà coniugale avrebbe fatto esplodere l'ira dei Romani e la rivolta contro la monarchia. Guidati da Bruto e da Collatino essi avrebbero cacciato il re e avrebbero fondato la Repubblica. Per il culto del focolare domestico, si ricordi che ogni casa (e meglio sarebbe dire ogni azienda familiare) era protetta dai Lari, gli Antenati defunti. Ad essi si prestava culto particolare il cui sacerdote era la massaia della casa.

Pater familias

E la famiglia, per i Romani, era tutto, almeno in apparenza. Sembra che i primi gloriosi Romani non fossero insensibili alle pene del celibato e dell'astinenza, se ricorsero al "Ratto delle Sabine" per procurarsi una moglie e qualche gratificazione sessuale. D'altra parte le brave Sabine non dovevano affatto essere inorridite e tanto meno deluse dal giacere con i rapitori, se si frapposero fra i due eserciti, quello romano e quello sabino, recando in braccio i figlioletti appena nati. Facendo un rapido calcolo (nove mesi di gestazione più qualche mese per consentire alle madri di portare in braccio i frugoletti all'aria aperta) si dovrebbe concludere che i Sabini non avessero poi avuto una gran fretta di recuperare le loro donne…

Schiavi e vir

Per quanto riguarda i costumi sessuali "romani" due concetti vanno sottolineati. Innanzitutto, la società latina era una **società schiavista**. Una distinzione fondamentale e imprescindibile all'interno della popolazione era cioè quella tra chi era nato uomo libero, e chi era schiavo.
Il padrone aveva pieni poteri nei confronti dei suoi schiavi, compreso il diritto di vita e di morte e, più interessante per quanto riguarda il nostro tema, quello di richiedergli prestazioni di carattere sessuale a proprio piacimento. Un secondo caposaldo della visione latina della sessualità era la netta distinzione **tra "attività" e "passività"**, ossia tra chi nel rapporto sessuale ha un

ruolo attivo e chi uno passivo [9]. Vero uomo, il *"vir"*, è il cittadino libero e sessualmente «attivo». Nessun cittadino libero può invece trovarsi nella categoria dei «passivi», a meno di non voler incorrere nel dileggio e scherno ed essere additato come "*impudicus*". "*Impudicizia*" è infatti il termine che i latini usavano per indicare la condizione dell'uomo libero che acconsente a giocare un ruolo passivo. La situazione cambia ovviamente nel caso di uno schiavo. All'interno dell'ambito della schiavitù infatti la distinzione tra attività e passività perde di valore, e lo schiavo può rivestire tranquillamente anche il ruolo passivo, senza per questo incorrere in nessun tipo di riprovazione, né della legge né della comune opinione. Detto in altri termini, l'essere impudicus è un'infamia nel caso di un uomo libero; nel caso di uno schiavo non è che il suo dovere nei confronti del padrone. Passività viene in sostanza a coincidere con mancanza di virilità, quella che i latini chiamavano "*mollitia*" (mollezza, effeminatezza), e che, attribuita a un uomo libero, era considerato uno dei peggiori insulti [10].

Omoerotismo

---

[9] Come è facile intuire, si tratta di una distinzione di chiaro sapore maschilista. Va da sé infatti che – ed è importante corollario di questa concezione – la donna non può per natura che essere sessualmente passiva.

[10] È indicativo a questo proposito il carme XVI di Catullo: accusato da Furio e Aurelio di produrre versi «molliculi» mettendo in forse il suo essere «pudicum», egli risponde minacciando di sodomizzarli e costringerli a un rapporto orale, come gesto massimo di mascolinità.

Erano rapporti approvati in quanto conformi alla natura, alla legge e alla consuetudine quelli che rientravano nella categoria della «attività»; erano invece considerati contro natura, e soprattutto infamanti, quelli che rientravano nella categoria della passività. Tra questi ultimi vi erano naturalmente l'omosessualità passiva, la pratica della *"fellatio"* e del "*cunnilinctus*", come pure l'omosessualità femminile, specie nei confronti della donna che faceva la parte attiva, in quanto si trattava del massimo capovolgimento delle regole naturali (11) e, secondo alcuni (per esempio Seneca), la posizione coitale che vede la donna a cavalcioni dell'uomo.

Ars Amandi

A proposito di amor coniugale, stando a quanto si legge nel delizioso poemetto Manuale del fare l'amore *("Ars amandi")* di Ovidio (43 a.C. - 17 ca. d.C.), pare proprio che le "Cornelie" (c.f.r. Cornelia, madre dei Gracchi) fossero pochine. Anzi, vere e proprie mosche bianche! Il poeta satirico Giovenale (50 ca. - 135 ca. d.C.), ci descrive Messalina, la moglie dell'imperatore Claudio, che nottetempo, mascherandosi in modo da non essere

---

[11] Artemidoro, ad esempio, un oscuro autore del II secolo d.C., autore di un libro di onirocritica, cioè sull'arte dell'intepretazione dei sogni, colloca l'amore omosessuale femminile tra i rapporti contro natura, assieme accanto all'avere un rapporto sessuale con sé stessi, con un dio o una dea, e con un morto (si veda *Il libro dei sogni*, I, 80).

riconosciuta, si reca in un volgare postribolo, un infimo lupanare; per tutta la notte, in una lercia stanza, si accoppia con uomini di tutte le risme e di tutte le razze e, sul far dell'alba, esce per ultima dal bordello *"stanca, ma non sazia"*. E ci informa che neppure le altre maestose matrone romane, almeno in epoca imperiale, erano generalmente delle Cornelie: per dare sfogo alla loro infrenabile libidine senza rischi, in mancanza di anticoncezionali o di preservativi (che pure la più remota antichità sembrerebbe avesse conosciuto, se è vero il mito secondo il quale se ne sarebbero serviti sia Minosse, sia la consorte Pasìfae!), ricorrevano ad un mezzo decisamente radicale: facevano castrare i loro giovani amanti! Ma non basta: a questo tipo di intervento, che in origine era riservato ai chirurghi di bassa lega, ai "barbieri", si prestavano - certo per motivi di lucro - anche chirurghi di grande e meritatissima fama, come Eliodoro, il quale, afferma Giovenale, interviene a compiere l'oscena operazione, *"a danno solo del barbiere"*, ossia soffiandogli il guadagno. Evidentemente le matrone romane volevano avere la certezza di un intervento magistrale, eseguito con scientifica competenza! Ma questo fatto - al di là degli aspetti morali e deontologici - testimonia che nella società romana, almeno in epoca imperiale, erano diffuse le pratiche miranti a provocare il godimento sessuale. E che questo fosse comune nei casi sia di eterosessualità, sia di omosessualità ci è testimoniato abbondantemente dagli Epigrammi di Marziale (40 ca. - 104 ca. d.C.) dai quali apprendiamo che i Romani e le Romane sapevano ricorrere a tutto, dalle mani alle pratiche orali, e - stando a quanto ce ne dice anche Ovidio - con abilità straordinaria. Di tutto questo erano - sempre secondo Ovidio - maestre insuperabili soprattutto le "tardone", capaci di cose inimmaginabili anche dalla più fervida fantasia di un artista! Questa libertà sessuale - che pure non sempre raggiungeva tali livelli - fu normale in Roma anche durante il grande periodo repubblicano, quello in cui si stabilirono quei *"mores maiorum"*, quei "costumi degli antenati", visti costantemente come la base irrinunciabile della moralità individuale e collettiva. L'arcigno e fiero Catone il Censore (234 - 149 a.C.), passato alla storia come campione di virtù repubblicana per il suo anche eccessivo zelo e rigore morale, a parte che - come ci informa Orazio (65 - 8 a.C.) - pare spesso *"scaldasse la sua virtù con una sana bevuta di vino puro"*, ossia non allungato con acqua, un giorno vide un eminente personaggio del suo tempo uscire da un postribolo. Noi ci aspetteremmo una violenta filippica del "castigatore dei costumi" contro il giovane scioperato. E invece no! Catone esclamò: *"Bravissimo! Quando un giovane scoppia di desiderio sessuale, deve venire a sfogarsi qui e non andar a sfiancare le mogli degli altri!"*.

Quanto sopra significa da un lato che non era affatto raro che "le mogli degli altri" si facessero volentieri "sfiancare" dal sangue ribollente dei giovani (dei nobili, però! Non dei plebei, come Messalina!); dall'altro che la prostituzione ed i luoghi nei quali la si esercitasse erano visti dalla cultura romana come vere e proprie valvole di sfogo, utili e necessarie, nelle quali delle povere prostitute facevano mercato del proprio corpo per la salvaguardia della onorabilità esteriore delle matrone, in generale anch'esse non certo modelli di castità. Per di più le case - più o meno "chiuse" - servivano anche a dar sfogo ai casi di vera e propria ninfomania, come sembra doversi diagnosticare il comportamento di Messalina, che la celeberrima moglie di Claudio pare condividesse con altre e non meno nobili matrone romane. A Roma è severamente punito l'incesto (così definito perché “in” = “non” + “castum” = “puro, casto”), e con una casistica non meno rigorosa di quella che abbiamo visto nella Bibbia. Il Diritto romano vieta i rapporti sessuali non solo fra ascendenti e discendenti diretti (ossia fra genitori e figli) sino all'infinito, ma anche tra fratelli e sorelle, fra zii e nipoti, oltre che tra figliastri e matrigne o tra patrigni e figliastre, tra suoceri e nuore o fra suocere e generi. Solo dopo la famosa Constitutio antoniniana, con la quale, nel 411 d.C., Caracalla (imperatore dal 211 al 217) estese il diritto di cittadinanza romana a tutti i sudditi liberi dell'Impero, si introdusse una distinzione fra l'incesto iure civili, ossia proibito dalla legge, e quello iure gentium, ossia "ammesso dai costumi", dalle "tradizioni locali". Ciò fu dovuto al fatto che nelle province orientali - come abbiamo accennato - era assai diffusa la pratica dell'incesto, e non era possibile cancellare con un colpo di spugna un costume plurimillenario. Ma con il trionfo del Cristianesimo il Diritto romano-cristiano giungerà a proibire l'accoppiamento anche fra cognati e fra padrino e figlioccia o fra madrina e figlioccio.

Tipologie omofile

E l'omosessualità? Abbiamo accennato alle forme particolari nelle quali essa si presenta nella società romana. La prima consiste in quella che potremmo definire "omosessualità normale"[(12)]. Quanto all'omosessualità un

---

[12] Ne abbiamo esempi illustri. Cesare, il fondatore dell'Impero, veniva beffardamente chiamato non "re", ma "regina" ed additato al pubblico disprezzo per essere l'amante di Nicomede, re di Bitinia. Tuttavia Cesare dovette essere anch'egli - da buon eroe! - un "ambidestro", perché concupì Cleopatra, la quale gli diede un figlio, chiamato anch'egli Cesare e, in seguito, degradato a Cesarione. Ed anche i successori di Cesare non scherzarono: Augusto, il grande moralizzatore - sulla carta! - dei costumi romani, ebbe tre mogli e la terza, Livia, pare gli procurasse schiere di "donnine compiacenti"; Tiberio, suo successore, è quasi certo fosse omosessuale, mentre Calìgola, succeduto a Tiberio, ebbe per amante la sorella. Nerone rivela senza dubbio una prepotente eterosessualità; Vitellio, al contrario, amava travestirsi ed il coltissimo Adriano nutrì per Antìnoo un tenerissimo amore. Ma, nel frattempo, che cosa facevano i Romani comuni, quelli delle classi sociali medie e infime? Di tutti costoro nessuno si è mai preoccupato di tramandarci la storia. Tutti ci parlano delle imprese strepitose di Alessandro Magno alla conquista dell'Oriente, o di Cesare alla conquista delle Gallie; di

solo particolare è certo: la notevole diffusione di essa soprattutto fra i legionari romani. Ma si tratta, in generale, di un tipo particolare di omosessualità, che si affiancava, ovviamente, all'omosessualità "normale", e che potremmo definire "omosessualità politica" o, piuttosto, "imperialistica": il vincitore afferma la sua superiorità ed il suo assoluto dominio sul vinto sodomizzandolo, ossia umiliandolo e degradandolo al livello di "femmina". Il che si spiega con il prevalente - anche se non assoluto - maschilismo della cultura romana. Ed è interessante osservare che ancor oggi si ha la presenza, soprattutto nelle carceri, di questo tipo di omosessualità "imperialistica", così come si ha, fuori dalle carceri, la drammatica presenza dello stupro, anch'esso "imperialistico", come hanno tragicamente mostrato gli orrori perpetrati nell'ex-Jugoslavia. Ma la cultura romana presenta anche un terzo tipo di omosessualità, che potrebbe definirsi "letteraria". Quando, per esempio, nelle poesie di Orazio (soprattutto nelle Odi) troviamo celebrato l'efebo, non crediamoci! Orazio amava le donne, a volte anche troppo. Solo che prendeva come modello la grande poesia lirica greca, che non di rado (come nel caso

---

queste vere epopee sappiamo tutto, o quasi tutto, ma nessuno pensò mai a tramandarci i nomi, i pensieri, i discorsi, i sentimenti, i costumi, le abitudini e gli eventuali difetti e vizi di quei poveri ed umili soldati e legionari che consentirono ad Alessandro e a Cesare di essere...Alessandro e Cesare! Dal punto di vista dei costumi sessuali possiamo solo formulare la ragionevole ipotesi che tutta questa massa di anonimi e più o meno poveri diavoli si comportasse come sempre, anche con le aberrazioni e le devianze di sempre.

di Saffo) cantava un vero e appassionato amore omosessuale. La forza della "tradizione letteraria" imponeva di adeguarsi al grande modello greco. Di qui la presenza di una omosessualità la quale è anch'essa di natura puramente letteraria e nulla ha a che fare con autentiche tendenze omosessuali dell'Autore. Vero è che era costume dei giovani delle classi sociali elevate di avere un "amichetto", un "*concubinus*", ad imitazione della "omosessualità culturale" greca, ma la relazione con il "concubinus" cessava con il matrimonio del nobile compagno. E in generale, in Roma, l'omosessualità fra adulti fu non solo derisa - come abbiamo visto nel caso di Cesare e come chiaramente emerge dagli Epigrammi di Marziale -, ma riprovata energicamente e decisamente rifiutata.

"Non v'accorgete voi che
noi siam vermi
/ nati a formar *l'angelica farfalla"*
(Dante Alighieri) Divina Commedia XXV Purgatorio

5. Dal Medio Evo al Rinascimento

Il trionfo del pensiero e della cultura cristiana permeò ogni aspetto della vita a partire dai primi secoli d.C. e lungo tutto l'arco del Medio Evo ed oltre. Ma il Medio Evo va visto in due ambiti culturali profondamente diversi e, per molti aspetti, opposti.

Medio Evo Mussulmano e Cristiano

Da un lato il Medio Evo Musulmano; dall'altro il Medio Evo Cristiano. Nel primo riscontriamo un accentuatissimo maschilismo, cui si accompagnano la poligamia ed il conseguente istituto dell'harem. Chiuse in questo "luogo inviolabile" (probabile riflesso del greco ginecèo, ossia "reparto delle donne"), sotto l'occhio vigile dei guardiani eunuchi, le donne musulmane (soprattutto a partire dal VII secolo) subiscono una violenta frustrazione sessuale. Questa si traduce in manifestazioni di omosessualità, in rapporti con gli eunuchi e, soprattutto, in un prepotente stimolo dell'"immaginario erotico", che si esprime anche sul piano letterario con i racconti erotici - spesso stupendi - che si intrecciano nella grande raccolta: "Le mille e una notte". D'altro canto i gruppi di uomini che stanno, a loro volta, appartati dall' harem e che, per giunta, sono spesso impegnati per lunghi periodi in operazioni di guerra, vivono una situazione la quale favorisce il prosperare dell'omosessualità maschile, ancora attualmente assai diffusa nelle società islamiche, soprattutto fra i membri delle classi più elevate. Il Medio Evo Cristiano da un lato condivide con quello Musulmano il sostanziale maschilismo; dall'altro presenta una sua particolare caratteristica: il culto dell'astinenza e, soprattutto, della castità e della verginità, inaugurato soprattutto da S. Paolo, propugnato da S. Ambrogio e posto per secoli a fondamento di tutta la civiltà e di tutta la cultura cristiana. Va, tuttavia, sottolineato che non si tratta di una novità in senso assoluto: è, piuttosto, anche in questo caso, un'eredità del tardo pensiero ellenistico, in particolare del Neoplatonismo che, almeno in parte, si rifaceva ai tratti più salienti della filosofia di Platone. Un'eredità, ovviamente, reinterpretata e riletta sotto la nuova e profondamente rivoluzionaria prospettiva cristiana. Il più significativo rappresentante di questa eredità, di questa squalifica della sessualità in funzione di una vita di pura contemplazione ed elevazione mistica, è fornito da Orìgene (185 ca. - 254 ca. d.C.), il quale giunse a farsi evirare, allo scopo di non essere ulteriormente turbato e disturbato dalle istanze della sessualità. L'atto di Orìgene fu determinato, con ogni probabilità, da una interpretazione rigorosamente letterale di quanto si legge nel Vangelo di S. Matteo (19, 12). Alla domanda dei discepoli se sia meglio non sposarsi, Gesù risponde: *"vi sono eunuchi che sono nati così dal ventre della madre; vi sono alcuni che sono stati resi eunuchi dagli uomini, e vi sono altri che si sono fatti eunuchi per il regno dei cieli"* ([13]).

Le Stufe, o case di tolleranza.

Ma tutta questa anche esasperata spiritualità non tolse che durante tutto il Medio Evo Cristiano pullulassero le case di tolleranza, addirittura di proprietà statale o comunale, affidate a gestori e assoggettate a tasse da versarsi alla cassa centrale. Non solo: questa esasperata spiritualità non impedì un vero e proprio dilagare dell'omosessualità negli ambienti "chiusi" che sempre ne favoriscono la manifestazione, ossia nei conventi, nelle abbazie, e via dicendo. In tutte, insomma, le comunità monastiche l'omosessualità fu di casa sia fra i monaci che fra le monache. Ma non fu meno fiorente, anche fra monaci e monache, l'eterosessualità, con la conseguenza di centinaia, di migliaia di aborti, o di neonati che venivano immediatamente eliminati o, quando fossero stati baciati dalla fortuna, venivano abbandonati, ovviamente con tutte le conseguenze facilmente immaginabili. Una conferma di siffatta realtà ci proviene da una delle più

[13] Il passo, ovviamente, allude all'eunuchismo determinato da cause congenite, a quello praticato tramite intervento chirurgico e per i più svariati motivi (si ricordino gli interventi...anticoncezionali di Eliodoro!), e, infine, a quello cui si sottopose Orìgene, che potremmo definire "eunuchismo mistico" e che, per certi aspetti, non era del tutto una novità: aveva, invero, un lontano precedente nell'autocastrazione sacrale dei Galli, i sacerdoti della dèa Cibele.

straordinarie voci della prima poesia volgare siciliana, il giustamente famoso Contrasto di Cielo d'Álcamo (vissuto nella seconda metà del Duecento) ([14]). La corruzione dilagava sia fra i laici, che fra gli ecclesiastici e a tutti i livelli, tanto che la Chiesa, i Principi e i monarchi furono costretti ad intervenire anche con rigorosa e vigorosa energia. Il quadro della allucinante situazione nella quale si trovava il clero medioevale ci è fornito da Attone, Vescovo di Vercelli dal 924 in poi, in una Lettera Pastorale, con la quale tenta di intervenire a moralizzare i costumi degli ecclesiastici della sua diocesi. In essa si afferma - fra le altre nefandezze denunciate - che i sacerdoti sono "servi della libidine" e che *"alcuni sono schiavi della libidine al punto che permettono a sconce prostitute di abitare sotto il loro stesso tetto...e di vivere apertamente con loro*". Tuttavia, anche gli interventi più rigorosi e più pesanti riuscirono più a coprire che ad estinguere il male in tutti i suoi aspetti, sì che, ancora nel XV secolo, il papa Pio II (1405 - 1464) sarà costretto ad

---

[14] alle proposte amorose di un giovane perdutamente innamorato e che la vorrebbe sua, la donna risponde che, piuttosto di darsi a lui, è pronta a "tagliarsi le trecce (ossia a sottoporsi alla tonsura) ed a farsi consorella (ossia monaca) in un convento". Al che il giovane ribatte: "Se tu ti fai consorella, donna dal viso splendente, io vengo al monastero e mi faccio confratello (ossia monaco). Per vincerti in questa prova, lo farò volentieri. Starò con te dalla sera alla mattina. Bisogna che ti abbia in mio potere!". La giovane, è vero! si dice scandalizzata da questa affermazione da "bestemmiatore", ma ciò non toglie che la battuta del giovane ci consenta di intravedere quel che non era affatto raro avvenisse, fra una sacra contemplazione e l'altra, nei conventi e nei monasteri. medioevali

affermare che *"se ci sono state valide ragioni per proibire il matrimonio ai preti, ce ne sono di più valide per permetterlo"!*

Peccator carnali

Ma è interessante osservare che Dante, nell'Inferno, non punisce in alcun modo la generale corruzione sessuale degli ecclesiastici, dei quali stigmatizza solo la brama di ricchezze; punisce, invece, i *"peccator carnali"* eterosessuali (come Paolo e Francesca); annovera fra questi anche Semiramide, ma non accenna minimamente all'incesto (eppure sapeva dallo storico Paolo Orosio del suo presunto amore incestuoso con il figlio) bensì solo al suo "vizio di lussuria"; non punisce in alcun luogo dell'Inferno tutte le altre aberrazioni, che pure conosce benissimo (cita, infatti, Narciso, Pasìfae, il Minotauro, etc.), ma punisce ferocemente in un apposito girone (il terzo del VI cerchio) gli omosessuali, i quali sono "peccatori contro natura". E tutti quelli che vede (nel canto XV), a partire dal suo grande maestro, Brunetto Latini (1220 - 1295 ca.), sono *"cherci, e litterati grandi e di gran fama*", ossia sono ecclesiastici, uomini dotti e uomini particolarmente famosi nel mondo politico (ne incontrerà tre nel canto seguente). Questo episodio dantesco ci dice cose interessanti. Prima di tutto conferma quanto tratteggiato poc'anzi, ossia la diffusione dell'omosessualità fra gli ecclesiastici, ai quali, tuttavia, Dante non riserva un trattamento particolare: essi furono solamente, come tutti gli altri, *"d'un peccato medesmo al mondo lerci"*, ossia furono omosessuali, senza aggravanti particolari. In secondo luogo ci dice che, al tempo di Dante, era tornata di moda quell'omosessualità che definimmo "culturale" e che - senza che alcuno se ne rendesse conto - era un'eredità della cultura classica greca. In terzo luogo ci induce a supporre che le altre forme di aberrazione o di devianza (dalla zoofilia all'incesto) non dovessero essere particolarmente presenti, almeno fra i personaggi "di gran fama" (i soli che Dante incontri), altrimenti il poeta, come li ha immaginati (o visti?) fra i *"peccator carnali"* e fra i "*sodomiti*", avrebbe sicuramente creato nel suo Inferno cerchi o gironi appositi nei quali collocare, appunto, i perversi illustri. Ed anche per questi secoli, dei "poveri diavoli" non abbiamo notizia alcuna. Nessuno se ne occupò mai!

Non ci resta, perciò, che formulare ipotesi. La quasi onnipresenza delle case di prostituzione e delle prostitute anche di infimo rango (squadre di queste donne erano persino ingaggiate per seguire gli eserciti nelle campagne di guerra) è sicuramente fatto significativo. In quasi tutte le maggiori città d'Europa, da Montpellier a Zurigo, da Amburgo a Londra e a Vienna, i postriboli erano addirittura prevalentemente relegati in appositi quartieri o in apposite vie (per motivi, evidentemente, di ordine pubblico), come, del resto, ancora era nella Milano di non molti decenni fa. Questo sta a testimoniare che, nonostante tutte le spinte mistiche, nonostante tutti i tabù, nonostante tutte le paure dell'Inferno, nonostante tutti gli anatemi della Chiesa e gli interventi delle autorità, la sessualità in tutte le sue manifestazioni continuò a sfogarsi imperterrita a tutti i livelli.

Il mal francese o lue

Né valse a moderarla poi il flagello della sifilide, che infuriò per più di due secoli in tutta Europa. Non è qui il caso di indagare se questa malattia, che allora portava a rapida morte, sia stata importata in Europa - come sembra abbastanza verisimile - dai marinai di Colombo, la cui violenta attività sessuale - a maggior gloria delle Loro Maestà Cattoliche! - si esercitò, abbondantemente nei confronti delle popolazioni indigene del Nuovo Mondo ([15]). O se, invece, si sia trattato - come alcuni sostengono - di una improvvisa recrudescenza di un male già presente nel mondo antico, ma temporaneamente allo stato latente, o, infine - come sostengono altri -, di un nuovo ceppo di agenti patogeni della stessa malattia, importato dall'America meridionale. Sta il fatto che il nuovo terribile morbo era partito secondo alcuni dalla Spagna, secondo altri, invece, dalla Francia, come afferma Niccolò Squillaci, o Scillacio (1450 ca. - 1510), in una lettera indirizzata nel

---

[15] Anche se possiamo supporre che non sia molto lontana dal vero la umoristica versione che dà dei fatti il popolano transteverino de "La scoperta de l'America" di Cesare Pascarella (1858 - 1940), secondo il quale "le donne, poi, quelle ce staveno", nonostante i "servaggi", ossia gli indigeni, avessero minacciato i marinai di Colombo gridando perentoriamente: "lassamo perde' le servagge / si no, mannaggia la miseria, / 'na vorta o l'antra qui nasce 'na stragge".

1495 ad Ambrogio Varese da Rosate (1437 - 1522), nella quale si ha la prima descrizione epidemiologica della "lue venerea". Qualunque ne sia stata l'origine ed in qualunque parte sia inizialmente esploso, il flagello letteralmente dilagò e fece scempio di tutte le classi sociali delle nazioni europee. Ma nonostante si fosse subito capito che essa si trasmetteva principalmente attraverso il rapporto sessuale, neppure la paura di contrarre la malattia allora incurabile frenò in qualche misura le più diverse forme di erotismo. Ed è soprattutto interessante un fatto: è proprio in questo periodo, ossia fra Quattrocento e Cinquecento, che si hanno le più straordinarie manifestazioni della sessualità.

Umanesimo ed omosessualità

Prima di tutto, con l'Umanesimo e con il Rinascimento rinasce anche definitivamente l'omosessualità "culturale": omosessuali illustri sono il filosofo Marsilio Ficino (1433 - 1499), il grande Leonardo (1452 - 1519), il non meno grande Michelangelo (1475 - 1564), per non ricordare che alcuni fra i nomi più illustri. In secondo luogo, rinascono le antiche "orge", alle quali si abbandona volentieri - con abbondante partecipazione anche di intere schiere di prostitute - persino il papa Alessandro VI (1431 - 1503). Riappare conclamato l'incesto. Lucrezia Borgia gode fama di essere stata l'amante del padre, il papa Alessandro VI, e del fratello, Cesare Borgia, il famoso Duca Valentino, mentre Beatrice Cenci (1577 - 1599) pare abbia fatto uccidere il padre perché, oltre ad averla imprigionata, la violentava costantemente (almeno questa fu la versione dei fatti presentata dalla difesa) e venne condannata alla decapitazione ([16]). E l'esplosione di erotismo che caratterizzò questo periodo trovò una spregiudicata e significativa espressione negli scritti - spesso di aperta pornografia - di Pietro Aretino (1492 - 1556). Dietro l'alone luminoso che tutte le espressioni artistiche (dalla scultura alla pittura, dall'architettura alla letteratura) hanno creato intorno al Rinascimento, si cela una realtà che definire squallida è quasi un eufemismo.

Luci ed ombre

Ma anche questo del Rinascimento - come quello della "Romanità", o quello della "luminosa Grecia classica" - è uno dei numerosi miti di cui si è compiaciuta gran parte della storiografia tradizionale e che le prospettive della nuova critica storica stanno tentando - sia pure a fatica - di ridimensionare.

---

[16] Anche se l'argomento addotto in difesa di Beatrice da un folto gruppo di avvocati guidati dal grande e celebre giureconsulto Prospero Farinaccio fosse stato - come sostengono storici eminentissimi - una montatura rabberciata alla meglio e all'ultimo momento, è evidente che lo stupro incestuoso non doveva essere affatto raro a quei tempi, se i difensori di Beatrice poterono sperare che fosse accolto dai giudici del papa Clemente VIII come valido motivo per un'assoluzione della povera giovane

6. Iconografia

Illustrazione per il capitolo «Lussuria e libidine» in un manoscritto francese del *Libro delle ore* di Valerio Massimo (sec. XV). Vi è probabilmente rappresentato l'interno di una «stufa» o di un bordello cittadino.

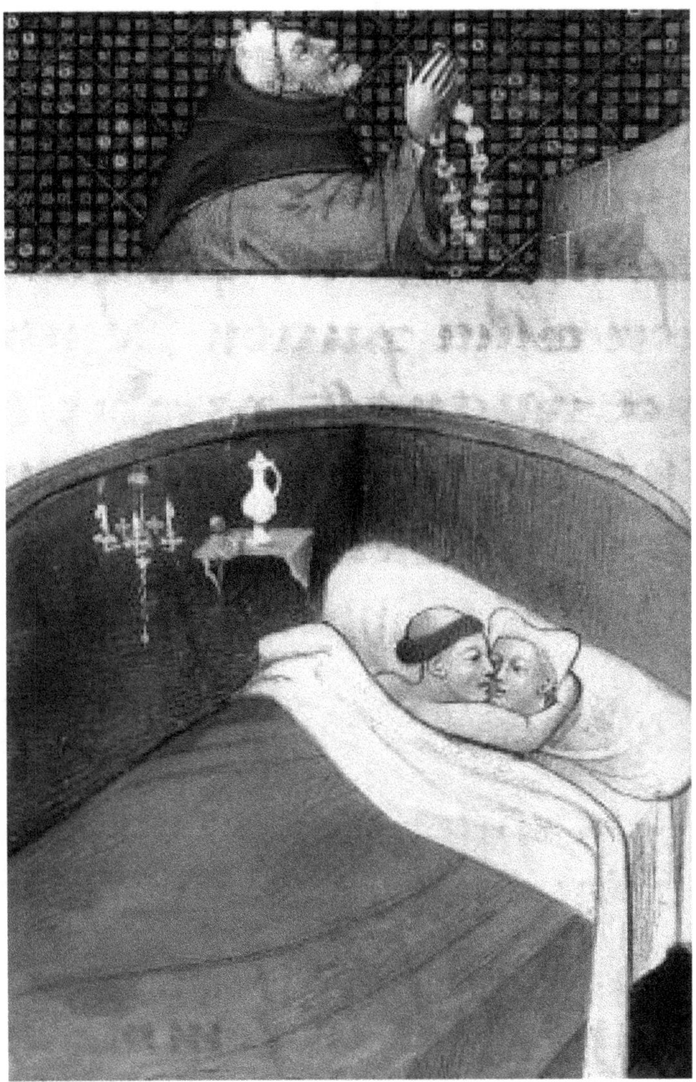

Illustrazione per un'edizione del *Decamerone* di Giovanni Boccaccio (XIV sec.) raffigurante la novella di Puccio di Ranieri e della moglie Isabetta (si veda p. 161 sgg.).

Due incisioni di Abraham Jacques Callot (1592-1635) per illustrare il *Gargantua et Pantagruel* di Rabelais. Nel testo di Rabelais il sesso, onnipresente, perde ogni connotato di sensualità e viene visto piuttosto in chiave grottesca, come ben testimoniano queste immagini.

Miniatura medioevale raffigurante il rapporto incestuoso tra Re Artù e la Regina Morgana, sua sorellastra.

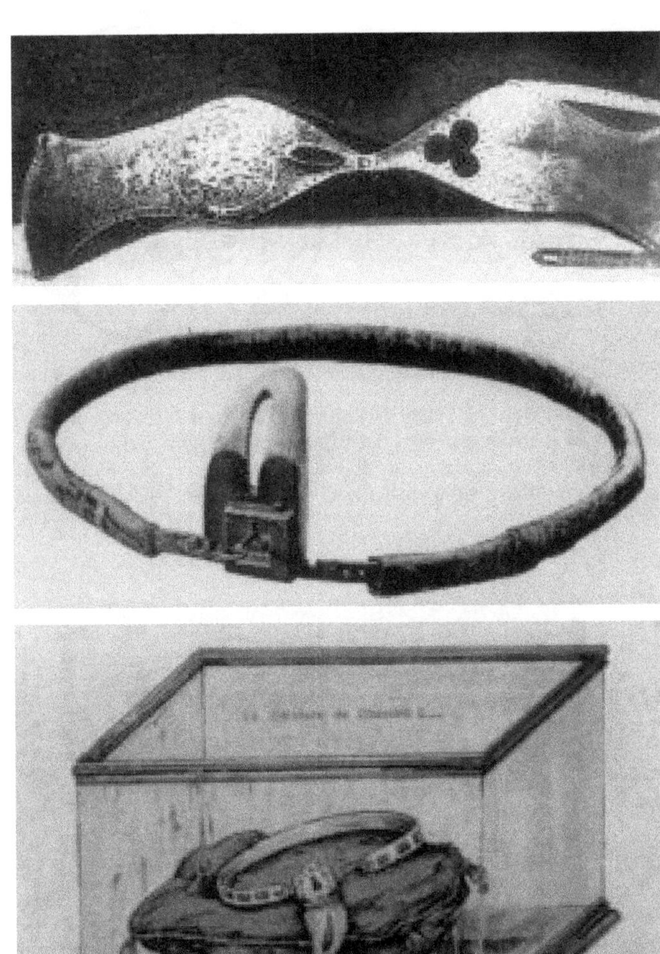

Tre diversi modelli di cinture di castità.

Nel Medioevo elementi legati alla sfera del sesso si ritrovano anche là dove non ce li si aspetterebbe: nel capitello di un coro ligneo (*sopra, a sinistra*), sulla vetrata decorata di una chiesa (*sopra, a destra*), o nel piccolo spazio offerto dalla «pancia» di una C, come nella delicata miniatura qui sotto.

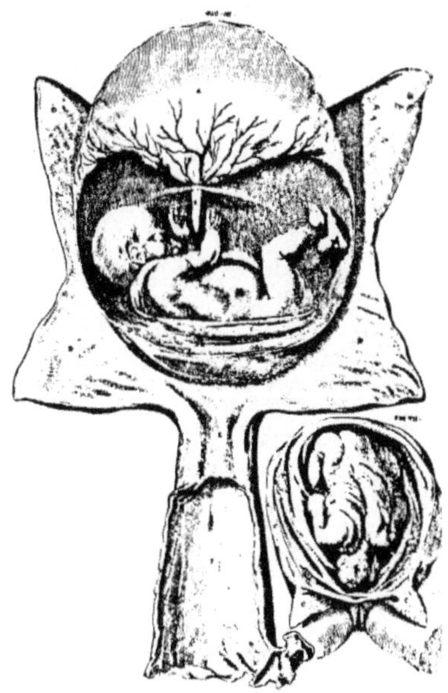

Sopra: Illustrazione dal *De formato foetu* di Vesalio. *Sotto*: Disegno di Leonardo. Nel primo caso la posizione del feto e la struttura degli organi sono sostanzialmente corretti; il disegno di Leonardo invece, sebbene forse di maggior pregio artistico, presenta degli errori nella raffigurazione della posizione del feto dopo il quarto mese già presenti in Galeno e ripetuti da Mondino.

François Boucher, *Toilette intima* (1741). I primi bidè, antenati di quelli attuali, fanno la loro comparsa in Francia all'inizio del Settecento, parallelamente al diffondersi di una maggior sensibilità nei confronti dell'igiene personale.

In alto: Frontespizio di *Bougre ou Le Portier des Chartreux* (1741), attribuito a Restif de la Bretonne (*a sinistra*), e incisione di Elluin (su disegno di Borel) per *Thérèse Philosophe* (1785), attribuito a Diderot (*a destra*). *Sotto*: Due incisioni di Chauvet per l'edizione postuma delle *Memorie* di Casanova (1725-1798). La letteratura erotica conosce nel Settecento un autentico *boom*.

Maria Antonietta e La Fayette, illustrazione satirica. Le caricature a soggetto sessuale sono molto frequenti nella satira politica e sociale del periodo illuministico.

Tre cartoline postali italiane degli inizi del Novecento.

Una delle prime rivendicazioni del mondo femminile fu. per l'ottenimento del diritto di voto. Iniziato nella seconda metà dell'Ottocento in America, il processo di emancipazione della donna è proseguito lungo tutto il secolo successivo; ancor oggi, tuttavia, in molte situazioni nel mondo la donna è lontana da un'effettiva parità di diritti con l'uomo.

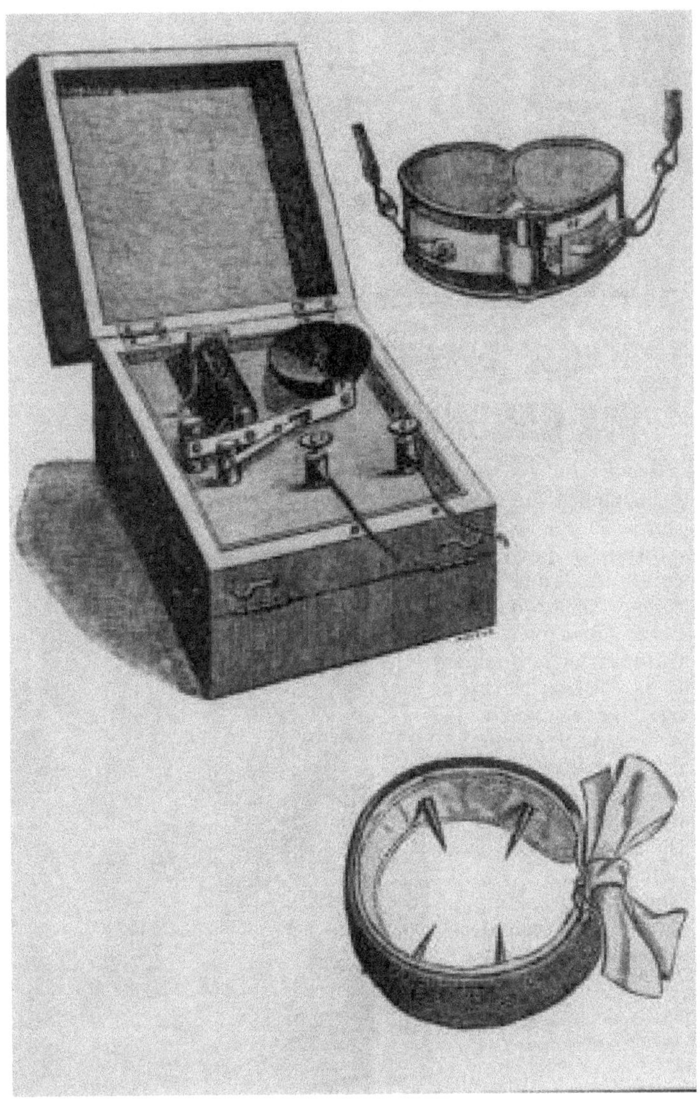

Una pagina da J.L. Milton, *Pathology and Treatment of Spermatorrhea*, pubblicato a Londra nel 1887, esempio dell'ossessione repressiva nei confronti del sesso nell'Inghilterra vittoriana: vi sono raffigurati alcuni marchingegni ideati per impedire le polluzioni notturne.

It could only happen in Hollywood!

...when LANA TURNER shared a lover with AVA GARDNER!

Sopra: Stralcio di giornale americano che riporta lo «scandalo» in cui furono coinvolte due note attrici hollywoodiane, Lana Turner e Ava Gardner: «... quando Lana Turner e Ava Gardner avevano lo stesso amante» recita il titolo, mentre lo strillo più in alto insinua maliziosamente «Solo a Hollywood può capitare!». *A fianco*: L'attrice francese Brigitte Bardot, *sex symbol* degli anni Sessanta.

Immagine pubblicitaria per la réclame di un sapone (1930 ca). Quella di accostare il prodotto da reclamizzare a un'immagine che richiami in modo allusivo o esplicito il sesso è una delle caratteristiche della pubblicità fin dalle sue origini.

Manifesto del Movimento per la liberazione della donna. Nato nel 1966 con la fondazione della National Organization of Women (NOW, Organizzazione Nazionale delle Donne) da parte di Betty Friedan, il movimento femminista si diffuse in Italia a partire dalla fine degli anni Sessanta.

Manifestazione del Movimento femminista italiano negli anni Settanta.

Manifestazione di omosessuali. Una delle conseguenze più significative del movimento di liberazione sessuale degli anni Settanta è stata certamente la maggior visibilità sociale degli omosessuali: oltre a numerose manifestazioni isolate, ogni anno essi organizzano in contemporanea in tutto il mondo la Giornata mondiale dell'orgoglio gay.

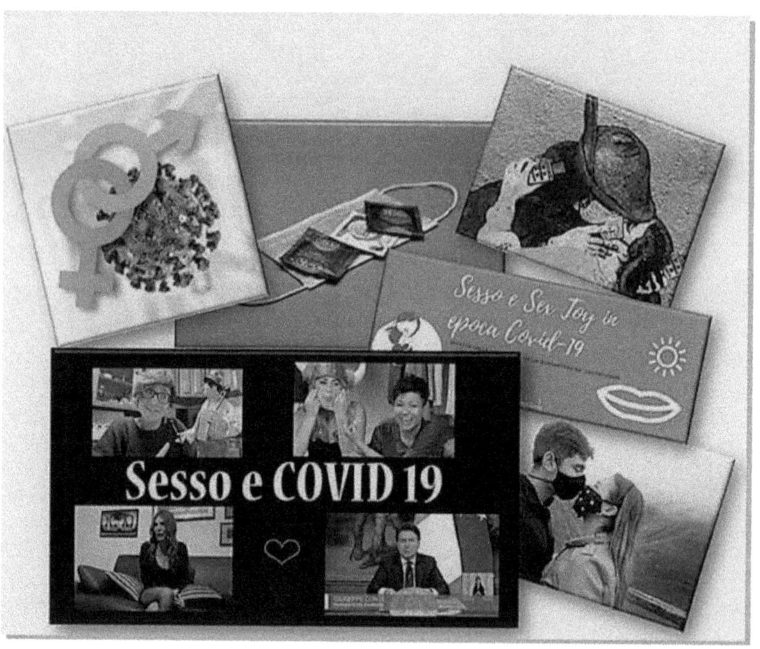

Durante gli anni pandemici il tema sessualità e Covid-19 è stato oggetto di innumerevoli servizi giornalistici e televisivi. A prescindere dall'enfasi mediatica, è indubbio che la c.d. claustropatia abbia determinato un diffuso malessere nelle coppie.

"Lo scopo della scienza non è
di aprire la porta della saggezza infinita
ma di porre un limite all'errore infinito"
(Berthold Brecht, "Via di Galileo")

7. Dal Seicento all' Ottocento.

Anche il Seicento non è meno ricco di contraddizioni, la massima delle quali è rappresentata dal contrasto stridente fra le grandi conquiste scientifiche ed il quadro generale presentato dai costumi sessuali. Infatti, la fondamentale rivoluzione scientifica inaugurata da Galileo Galilei (1564 - 1642) venne trasferita sul piano degli studi anatomo-fisiologici dagli scienziati della scuola iatromeccanica, fondata da Giovanni Alfonso Borelli (1608 - 1679), cui si affiancò la scuola iatrochimica, avviata dal disordinato e contraddittorio genio di Paracelso (1493 - 1541), ma fondata da Giovanni Battista van Helmont (1577 - 1644) e potenziata da Francesco de la Boë (1514 - 1672). Le ricerche e gli studi compiuti dai grandi scienziati di queste due scuole portarono - per non parlare della comprensione della circolazione del sangue e per limitarci alla sessuologia - alla scoperta della struttura del testicolo; del "follicolo di Graaf", che venne erroneamente interpretato come "uovo" (l'ovocellula verrà individuata e descritta solo nel 1827 da Karl E. von Baer), ma diede ugualmente un impulso decisivo agli studi sulla sessualità sotto il profilo anatomo-fisiologico; infine, grazie all'uso del microscopio, si giunse a scoprire gli spermatozoi. Infine non vi dovrebbe essere più contrasto fra scienza e fede anche in tema di scienze della vita atteso quanto Galileo affermava: "Scienza studia "come vadia il cielo", mentre la Teologia si interessa di "come si vadia al cielo". Sappiamo però come è andata a finire.

Precursori della moderna sessuologia

Sotto il profilo scientifico si può dire la sessuologia moderna e contemporanea trovi le sue radici proprio nel Seicento, e che essa si sia sviluppata nel secolo successivo e sia maturata definitivamente nella seconda metà del '900. Per contro, i costumi sessuali non solo rimasero sostanzialmente immutati nel corso di questi stessi secoli, ma addirittura assunsero caratteristiche che non è esagerato definire decisamente aberranti.

Libertà sessuale e cortigiane

Si assiste ad una sfrenata libertà sessuale e al trionfo delle "cortigiane", che spesso sono le influenti "favorite" di prìncipi e monarchi. Esse erano riapparse durante il Rinascimento ed erano le lontane eredi delle etère greche, nell'Atene del V secolo a.C. Nel Seicento, e soprattutto nel Settecento, esse assursero a grande prestigio e spesso riuscirono anche ad esercitare notevolissima influenza politica. Basterà ricordare la Pompadour, favorita di Luigi XV di Francia e responsabile di gran parte della politica estera di questo monarca. Le succedette la Du Barry, la cui influenza su Luigi XV durò sino alla morte del re e non fu meno imponente di quella della Pompadour. Per giungere, in casa nostra, alla bellissima ed affascinante Contessa di Castiglione (1837 - 1899): tanta fu la sua influenza su Napoleone II, che le malelingue giunsero a dire che il nostro glorioso Risorgimento fosse opera delle *"cosce della Contessa di Castiglione"*, più che dell'eroismo di Garibaldi e dell'abilissima politica del Cavour! Questo per le donne. Per gli uomini, basterà ricordare che è proprio nel 1630 che Tirso de Mulina crea il personaggio di Don Giovanni, il seduttore impenitente, anche se destinato ad una fine orrorosa. È un personaggio emblematico della sessualità di questo secolo: sfrenata e, contemporaneamente, piena di orrore e di paura; incontinente e, allo stesso tempo, rigidamente puritana; ansiosa di verità e profondamente ipocrita. Ma non va dimenticato un "eroe del sesso" non partorito dalla fantasia di un poeta (più o meno ispiratosi a qualche reale vicenda di nobili spagnoli), bensì vissuto concretamente nella storia: Giacomo Casanova (1725 - 1798), le cui Memorie possono essere considerate il grande "giudizio universale" del sesso nel Settecento. E figure parallele - anche se spesso non altrettanto geniali e non altrettanto squisitamente eleganti e raffinate - si incontrano in Inghilterra, in Austria, in Germania, un po' dovunque, insomma, nell'Europa settecentesca.

Omosessualità

In Inghilterra, tuttavia, e in Germania sembra abbondantemente presente a tutti i livelli l'omosessualità. In Inghilterra è omosessuale il re Giacomo I (1566 - 1625), come lo era stato il suo lontano predecessore Edoardo II (1284 - 1327) e come pare sia stato persino il grande Shakespeare (1564 - 1616). In Germania l'omosessualità, fra Settecento e Ottocento, fu tanto diffusa che - magari anche con eccessiva malignità - venne definita *"vizio tedesco"* dai Francesi, presso i quali, tuttavia, Luigi XIV, il Re sole (1638 - 1715), aveva invano tentato di reprimerla, anche con interventi particolarmente energici.

Prostituzione

Tuttavia pure l'eterosessualità non dovette godere di minor vigore, se nel Settecento si contavano a Parigi circa 13.000 prostitute e ben 50.000 soddisfacevano, più o meno clandestinamente, la libidine mal repressa dei puritanissimi Londinesi. Eppure si finse costantemente di fare qualcosa: si escogitò persino la deportazione per le "donne perdute", le quali, una volta deportate, magari anche sapevano redimersi, a partire da quelle francesi che ispirarono il personaggio di Manon Lescaut, per giungere a quelle russe che diedero certamente lo spunto alla Katia, protagonista femminile del celebre romanzo "Resurrezione" di Tolstoj (1828 - 1910). Ma in realtà si fece assai poco, per non dire nulla. Il fatto è che le "ragazze madri", un tempo ipocritamente "emarginate" da una società che, pure, era sostanzialmente corrotta e corruttrice (tanto che le faceva abbastanza disinvoltamente "madri"!), con l'avviarsi della "rivoluzione industriale" finirono quasi per essere una vera manna, una fonte insperata e difficilmente esauribile di manodopera a bassissimo costo. Se a Vienna, nella prima metà dell'Ottocento, si hanno circa 20.000 prostitute su una popolazione di 4.000.000 circa di abitanti, fra il 1821 ed il 1840 si ha circa 1.000.000 di "trovatelli", figli prevalentemente, appunto, di "ragazze madri". Si organizzano i brefotrofi, è vero, ma questi sono una miniera di braccia per le "manifatture", come si chiamavano, tra la fine del Settecento e gli inizi dell'Ottocento, le "fabbriche" create dalla "rivoluzione industriale", le quali erano, per la maggior parte, filande, tessiture e stabilimenti siderurgici. Ne è prova agghiacciante un passo della deposizione che Robert Owen (1771 - 1858), un industriale dell'avanguardia del cosiddetto "socialismo utopistico" e teorico del "socialismo associazionista", rese nel 1816 ad una Commissione parlamentare di inchiesta sul lavoro, promossa dal Governo inglese in vista della realizzazione di quella che fu la prima Legge sulle fabbriche nel mondo (1831). Era proprietario dello stabilimento tessile di New Lanark, in Scozia, ove lavoravano 1.600/1.700 operai! Ebbene, l'Owen afferma che, quando, nel 1799, aveva acquistato da un certo Mr. Dale lo stabilimento, "vi erano 500 bambini, che erano generalmente presi da ospizi, specialmente di Edimburgo, e questi bambini erano generalmente dell'età di 5 e 6 anni, fino a 7 e 8 anni"! Ed il povero Mr. Dale "non poteva procurarsene di più grandi" perché "se non li prendeva di quell'età, non poteva ottenerne affatto" (i più grandi, infatti, venivano impiegati come carne da macello nelle truppe di Sua Maestà Britannica!). Questi figli di "ragazze madri", quindi, andavano ad incrementare la produzione delle manifatture, il che ci aiuta a comprendere come mai i provvedimenti di moralizzazione dei costumi siano rimasti, sostanzialmente, niente più che "fumo negli occhi" col quale si mirò - e dubito fortemente che lo si facesse in totale buona fede - a tranquillizzare le coscienze di una società di sfruttatori, ma scrupolosamente rispettosi dell'esteriorità, più che a risolvere seriamente i problemi dei costumi sessuali e delle loro conseguenze.

Rivoluzione Francese

D'altro canto, la Rivoluzione Francese aveva creato un efficientissimo Servizio di assistenza all'infanzia, ma l'economia francese non era ancora in piena "rivoluzione industriale". Quando questa esploderà anche in Francia, il quadro non si presenterà molto diverso da quello inglese e, nonostante la Rivoluzione ed i "sacri princìpi dell'"89" di *"libertà, uguaglianza e fraternità*" la prostituzione e lo sfruttamento delle donne - generalmente di basse ed umili origini - e delle coorti di "trovatelli" prospereranno abbondantissimamente. Da questi poveri miserabili presero sicuramente lo spunto Victor Hugo (1802 - 1885) per le figure di Fantine e di Gavroche, la sventurata "ragazza madre" e l'eroico "trovatello" dei Miserabili; Charles Dickens (1812 - 1870) per la prima parte delle vicende del suo David Copperfield Ma accanto a queste squallide e sconcertanti realtà, non cessano di far fortuna le etère, che a volte appartengono, per origine o per nozze, a famiglie nobili, come la famosa Junna Maria Grazia de Cabarrus, figlia di un banchiere di Madrid, ma a 15 anni Marchesa de Fontanay, grazie al marito. E che dire di Giuseppina, moglie di Napoleone?

Classe nuova, vizi vecchi.

La nuova classe economicamente e finanziariamente dominante, la borghesia, ben presto tende ad adeguarsi ai costumi della nuova élite, della nuova classe politica, la quale, a sua volta d'estrazione borghese, si era adeguata, forse anche con eccessivo entusiasmo e troppo ardente impegno, ai costumi sessuali di quella nobiltà che la Rivoluzione s'illudeva di aver spazzato via. Così, se ai tempi della Prima Repubblica la legalizzazione del divorzio non aveva per nulla fatto aumentare il numero delle famiglie "distrutte" (a Parigi su 200.000 coppie si ebbero, fra il 1790 ed il 1799, solo circa 6.000 divorzi), nel periodo napoleonico e nei decenni successivi i divorzi ed i figli illegittimi subirono un incremento impressionante. Con la Restaurazione, tutta l'Europa appare coperta velo d'ipocrisia ancora più fitto e pesante. Di fatto, i costumi sessuali sono di una licenziosità e anche di una corruzione inaudite, ma la cosa più importante è salvare le apparenze di fronte all'opinione pubblica. E l'opinione della "gente bene", in realtà in privato viziosa e corrotta sino alla spietatezza, è quella che, nel nome del "buon costume" e della "morale", condanna alla galera Oscar Wilde (1854 - 1900) per la sua omosessualità, e, contemporaneamente, applaude freneticamente Cecil Rhodes (1853 - 1902), che è il campione dell'imperialismo britannico in Sudafrica, ma che si mantiene una coorte di giovanetti amanti di cui tutti sapevano, ma che nessuno additava al pubblico scandalo, in parte per l'abile ipocrisia del personaggio e, in parte anche maggiore, per la gloria della Corona!

Illegittimi di stato

Questo, infatti, è il periodo della corruzione dilagante a tutti i livelli, mascherata, tuttavia, più o meno abilmente dall'ipocrisia: Napoleone III, prima di divenire Imperatore dei Francesi, aveva disseminato un po' dovunque figli illegittimi (come il suo futuro alleato Vittorio Emanuele I, Re d'Italia, aveva fatto e faceva, naturalmente...fra una battuta di caccia e l'altra nella sua amatissima Valle d'Aosta e relative convalli!), ma, divenuto Imperatore dei Francesi, assunse tutti gli atteggiamenti di un novello "castigatore dei costumi" ed accomiatò, donandole un castello ed il titolo di Contessa, la sua amante, Henriette Howard, alla quale affidò anche...i figli che egli aveva avuto da un'altra amante! In compenso sposò Eugenia de Montijo, donna, già a 26 anni, di lungo corso e più giovane di lui di 19 anni, ed impose, nel 1853, il matrimonio a tutti i dignitari di corte, salvo, poi, mostrarsi anche troppo sensibile al fascino della Contessa di Castiglione. Ma questo è anche il periodo nel quale si getta un grido d'allarme per l'enorme ed incontrollata crescita della popolazione, soprattutto ai livelli sociali più bassi: miseria, vizio e procreazione dilagano, non certo controbilanciati dal parallelo imperversare della falce mortale della sifilide. È Thomas Robert Malthus (1766 - 1834) il quale crede di aver dimostrato su basi scientifiche che la popolazione cresce in progressione geometrica (2, 4, 8, 16...), mentre le risorse alimentari crescono in progressione aritmetica (2, 4, 6, 8...). Per conseguenza la popolazione si raddoppierebbe ogni 25 anni circa, mentre le risorse alimentari non riuscirebbero neppur lontanamente a mantenersi al passo.

Demografia

Dal momento, infatti, che all'inizio dell'Ottocento in Europa si aveva una popolazione complessiva di 187.000.000 di abitanti, Malthus prevedeva, per l'anno 2.000, per la sola Europa, una popolazione di 50 miliardi di abitanti! Ne nacque una corsa da un lato al tentativo di un rigido controllo delle nascite, dall'altro alla ricerca ed all'ideazione di metodi anticoncezionali che non fossero esclusivamente quello della continenza o, addirittura, dell'astinenza, il cui ideale, se - come abbiamo visto - mai nei secoli precedenti era stato oggetto di vasto e diffuso culto (con buona pace di tutte le più o meno pie raccomandazioni), nel secolo scorso, e nel nostro secolo, sembrava e sembra una prospettiva da trogloditi della sessuologia. Ma tutti i dibattiti - a livello più o meno rigorosamente scientifico - e tutte le discussioni che si accesero sui problemi sessuali e soprattutto su quelli relativi alla necessaria limitazione delle nascite, ebbero vastissimo riflesso nell'opinione pubblica, informata tramite la stampa: se ne occuparono con insistenza i giornali; cominciarono a pubblicarsi opuscoli divulgativi, che, prima clandestini, ora si diffusero sempre più liberamente e sempre più largamente. Il grande pubblico si fece via via sempre più curioso, sempre più interessato, in particolare anche ai problemi delle perversioni e delle devianze sessuali, che c'erano sempre state nelle più svariate forme e ai più diversi livelli, ma che ora divenivano argomento non più "segreto", bensì trattato apertamente, anche se non ancora con adeguati strumenti scientifici [(17)].

Contemporaneamente, tra la fine dell'Ottocento e i primi decenni del novecento, vediamo risorgere prepotentemente l'omosessualità, apertamente professata soprattutto dalle classi colte e generalmente

---

[17] La celebrità raggiunta dal romanzo "Il legato di Caino" (1870) di Leopold von Sacher-Masoch, che rivelò spregiudicatamente il fenomeno, appunto, del masochismo, e la riscoperta delle opere del cosiddetto Marchese de Sade (1740 - 1814) *("Giustina o i guai della virtù", "Giulietta o la prosperità del vizio" e "Le 120 giornate di Sodomia"),* ispirate ad una violenta oscenità e ad una vera e propria crudeltà erotica, ne sono prova eloquente.

accompagnata dall'uso della droga. Questa ripresa abbastanza diffusa di quella "omosessualità culturale" che vedemmo tipica dell'antica Atene e rinata durante l'Umanesimo ed il Rinascimento, assume, tuttavia, un significato nuovo. Essa è l'espressione della protesta, della ribellione contro due aspetti frustranti della società industrializzata: da un lato il conformismo della cosiddetta "società bene", della "borghesia" in senso morale ed intellettuale, della quale si contesta sia l'ipocrisia, sia l'omologazione e l'appiattimento dell'individuo in una massa che non è "società", ma "gregge", ossia la negazione di ogni slancio e di ogni affermazione della creatività e dell'originalità individuali; dall'altro è la ribellione, soprattutto sul piano artistico, contro la "produzione di serie" di "prodotti di consumo", nei quali all'individuo si nega ogni possibilità di esprimere la propria genialità e la propria potenza fantastica.

Decadentismo e sessualità

Annunciato, per molti aspetti, dal movimento dei Bohémiens in Francia e degli Scapigliati in Italia, questo violento impeto di rivolta venne definito Decadentismo e, iniziato da Charles Baudelaire (1821 - 1867) (che scrisse, fra l'altro, un saggio acutissimo sull'uso della droga, I paradisi artificiali), ebbe protagonisti insigni, quali, oltre a Wilde, Verlain (1844 - 1896), Rimbaud (1854 - 1891), Mallarmé (1842 - 1898), fino ai massimi, e pur tanto diversi, rappresentanti del Decadentismo italiano, Gabriele D'Annunzio (1863 - 1938) Giovanni Pascoli (1855 - 1912) e Luigi Pirandello (1867 - 1936), che potremmo definire la "coscienza del Decadentismo". Inutile sottolineare che questa particolare forma di omosessualità (dalla quale fu esente, tuttavia, il Pascoli) è sopravvissuta alla fine del Decadentismo ed è ancor oggi viva e vitale, e con le medesime caratteristiche di ribellione ad una appiattita "società dei consumi", al conformismo di una "borghesia" intellettuale e morale. Così come riprende vigore la figura dell'etèra soprattutto evidenziata nel teatro di prosa e nel melodramma. Le grandi protagoniste della scena (attrici o cantanti che fossero) ereditarono, in sostanza, il "ruolo greco" e lo hanno mantenuto sino ai giorni nostri, mutando solo il nome: le etère divennero le favorite e le favorite sono divenute … alcune dive.

"Il grande problema che non
è mai stato risolto e che non sono
ancora riuscito a risolvere,
malgrado i miei trent'anni di ricerche
sull'animo femminile è:
Was will das Weib? – Cosa vuole la donna?"
(Sigmund Freud, lettera a Marie Bonaparte).

8. Il '900

Cercare di proporre "in nuce" considerazioni sulla storia dei costumi sessuali nel '900 è arduo. Data la vastità e la multifattorialità dei fenomeni che hanno influenzato i *"mores"* sessuali, riassumiamo solo alcune "questioni" consapevoli delle molte omissioni. Tanti e tali avvenimenti si sono susseguiti con un ritmo vertiginoso in soli cento anni al punto che con difficoltà ci riconosciamo come discendenti diretti della società di inizio del '900. Nel secolo scorso la storia ha subito un processo di straordinaria accelerazione, che ha coinvolto ogni ambito della nostra esistenza: due guerre mondiali le quali, nell'arco di soli trent'anni, hanno messo in discussione più di una volta certezze politiche, sociali e filosofiche. Peculiare è stato l'inarrestabile progresso tecnologico e scientifico, dal quale sono derivate nuove discipline sempre più specialistiche che hanno modificato sensibilmente la qualità della nostra vita. Infine, ultima solo per ordine ma non per importanza, la trasformazione che è avvenuta nella società in seguito a tali avvenimenti e alla diffusione dei viaggi e dei mezzi di comunicazione, che ha comportato l'evolversi di tutta la nostra cultura, intesa anche come storia dei costumi, in senso globalizzante, planetario. Anche i costumi sessuali infatti hanno conosciuto nel Novecento veloci e sostanziali trasformazioni, seguendo l'incalzare dei tempi. Ma la relativa libertà sessuale di cui godiamo oggi è il risultato di una lunga trasformazione culturale e di importanti battaglie per l'affermazione di nuovi diritti e valori, che hanno avuto nel '900 le tappe principali.

Inizio secolo

All'inizio del Novecento, la tematica sessuale fa capolino nella cultura occidentale soprattutto grazie a Freud il quale, con l'elaborazione del metodo psicoanalitico, individuò nella pulsione erotica, insita in ogni individuo, non solo la causa prima di ogni patologia nervosa, ma quella forza inconscia che determina lo sviluppo di tutta la nostra personalità. L'ingresso nella storia di una dimensione nuova come quella dell'inconscio, per di più "sessocentrico", fece della teoria freudiana una sorta di spartiacque fra

passato ed era moderna, diventando punto di riferimento per l'intera cultura del tempo.
La psicoanalisi conobbe un momento di grande fortuna quando si tentò di rimuovere le cause di quella profonda crisi che serpeggiò nella società all'indomani della seconda guerra mondiale, crisi che anche i rapporti Kinsey del 1948 e del 1953 non mancarono di rilevare. Ma il disagio dovette aspettare fino agli anni Sessanta per poter esplodere in modo catartico in quella che fu la più grande rivoluzione sessuale di tutti i tempi.

Femminismo

Proprio allora, l'affermarsi dei principi del diritto all'amore e della felicità in amore, rappresentarono una svolta importante per l'intera società. Anche le donne, vere protagoniste del secolo, in quanto proprio nel Novecento si riscattarono da una storia che era stata loro ostile per millenni, dopo essersi conquistate una dignità politica e sociale, acquisirono negli anni Sessanta e Settanta un'identità sessuale, basata sulla libertà e l'autodeterminazione propugnata dai movimenti femministi. Le tappe successive dell'emancipazione femminile, di cui l'invenzione della pillola contraccettiva, l'approvazione delle leggi sul divorzio e sull'aborto, avvenuta in Italia nei primi anni Settanta, sono esempi emblematici, non fanno che

confermare l'immagine di una donna sempre più autonoma ed emancipata, che vive anche il matrimonio e la maternità come scelte consapevoli e non come obblighi.
Oggi i nostri costumi hanno subito un'ulteriore svolta e quello in cui viviamo è un periodo di relativa tolleranza sessuale (vedi i movimenti gay e i "pax" di convivenza fra etero e omosessuali), così come di sessualizzazione di ogni aspetto della nostra vita quotidiana. *"Vediamo sesso ovunque. Ogni cilindro è un fallo"*, affermava provocatoriamente Ariès già negli anni Sessanta, probabilmente prevedendo il nuovo "tabù del non sesso" che sarebbe sorto dalle ceneri di quello appena defunto del sesso. La rivoluzione sessuale infatti ha maturato nella società contemporanea la sua intima contraddittorietà, così che il presente si mostra dominato da due tendenze contrastanti.

Sesso, riproduzione, contraccezione

Da un lato, l'emanciparsi del rapporto sessuale dal mero fine riproduttivo e la libertà riconosciuta ad ogni individuo di ricercare il proprio piacere personale, hanno portato in primo piano antichi problemi (disfunzione erettile, eiaculazione precoce, anorgasmia femminile) che ora si impongono in tutta la loro urgenza, in quanto ostacoli ad una sessualità soddisfacente. Ma la vera conquista del nostro tempo è l'affermarsi di una cultura del benessere sessuale, vista come diritto per ciascun individuo così come si ha diritto alla salute. In quest'ottica si inserisce la volontà e l'impegno della ricerca farmacologica e medica per risolvere tali disturbi, che per la prima volta sono stati considerati patologie mediche, come le altre. D'altro canto, questa libertà è stata spesso fraintesa come diffusione indiscriminata del sesso in ogni ambito della nostra vita. Il messaggio erotico infatti, più o meno velato, ci ha bombardato attraverso il cinema, la televisione, i giornali e tutti i mezzi di comunicazione che la nuova tecnologia ci ha messo a disposizione, con la conseguente sensazione di deja vu e scontato che le nuove generazioni provano di fronte a quello che in origine era un mistero carico di fascino e ansia di scoperta. Il paradosso di una società quindi dove tutto, o quasi, è permesso e l'inevitabile indifferenza e calo del desiderio per qualcosa che viene soddisfatto a priori.

Pornografia.

Quella che un tempo era solamente *"pórne"*, oggi è divenuta pornodiva, ed è giunta anche negli scranni del Parlamento. I film pornografici, i film "a luci rosse", ci sono sempre stati da quando si è inventato il cinematografo. Anzi, preesistevano alla sua invenzione: non erano, ovviamente, film, ma raccolte di illustrazioni erotiche si ritrovano persino nelle pitture vascolari della Grecia antica e, più vicine a noi, in serie di stampe e di illustrazioni soprattutto settecentesche ed ottocentesche, e non sono certo meno spinte delle attuali proiezioni cinematografiche. Ma c'è una profonda differenza: mentre sino a pochi decenni or sono fa questo era materiale "segreto", "riservato", fatto circolare clandestinamente, oltre che severamente punito dalla legge, attualmente le produzioni erotiche, sia a stampa, sia cinematografiche, sia televisive e poi nel WEB, hanno ottenuto libera cittadinanza nel complesso delle letture e degli spettacoli di svago cui chiunque può liberamente accedere ed assistere, con l'unica pudica riserva dell'orario piuttosto avanzato in cui, almeno in televisione, questi programmi vanno in onda, o della scritta "vietato ai minori di..."con la quale i manifesti facevano avvertito il pubblico delle sale cinematografiche.

Educazione sessuale e sentimentale

Abbiamo colto nella seconda metà del secolo scorso innumerevoli espressioni di quell'esigenza di informazione che abbiamo visto esplodere nei secoli scorsi che è divenuta sempre più imponente ed ha, finalmente, portato alla luce senza più veli di ipocrisie il problema dell'educazione sessuale che non è fatto tanto semplice quanto potrebbe apparire a prima vista. Infatti deve prima di tutto partire da una corretta "informazione" sessuale sotto ogni profilo, da quello anatomo-fisiologico, a quello psicologico e addirittura psicoanalitico. In secondo luogo deve tendere a raggiungere una sana "formazione" sessuale, ossia deve tendere a raggiungere, e in buona parte sta raggiungendo, due principali obiettivi: il primo è quello di una chiara e serena consapevolezza, e quindi di una viva e profonda "coscienza sessuale"; il secondo è quello di una sempre più limpida e netta distinzione fra libertà e licenza sessuale, poiché il tanto auspicato abbattimento del tabù del sesso può, se male interpretato ed inteso, tradursi nella "demonizzazione del non sesso" e nel principio della "obbligatorietà della prestazione" che sarebbe un nuovo tabù, non certo meno negativo del precedente

AIDS.

In questa situazione precaria e contraddittoria, si è inserito il fenomeno dell'AIDS, che a partire dagli anni Ottanta ha fatto conoscere una ulteriore svolta ai nostri costumi sessuali, interrompendo bruscamente la rivoluzione dopo nemmeno trent'anni. I secoli scorsi - dal XVI ai primi anni del XX - trascorsero sotto l'incubo della sifilide che, peraltro, spaventò evidentemente più in superficie che nel profondo, dato il dilagare della malattia addirittura con andamento epidemico. Il che dimostra che la "paura" da sola non distoglie dall'attività sessuale anche più sfrenata, come la gravità anche terrorizzante delle pene non ha mai distolto nessuno dal commettere reati di ogni sorta. La scoperta dei sulfamidici prima (compiuta da Paul Ehrich (1854 - 1915) nel 1909) e, poi, degli antibiotici (compiuta da Alexander Fleming (1881 - 1955) nel 1929) fece svanire lo spettro sia della blenorragia, sia della sifilide. Ma a tutt'oggi non si è ancora scoperta una valida terapia per debellare definitivamente l'AIDS. E il costante incremento dei sieropositivi e dei malati rivela (soprattutto nei Paesi del Terzo Mondo), ancora una volta, che la "paura" non basta, anzi appare un'arma assolutamente spuntata per frenare o modificare il costume sessuale. Occorre un'intensa, vasta, instancabile e, soprattutto, intelligente opera di "educazione sessuale". Solo creando una profonda e chiara "coscienza sessuale" si può sperare almeno di avviare alla soluzione questo problema.

In sintesi

In estrema sintesi poniamo l'attenzione solo su alcuni fattori per noi fondamentali:

1. L'abbattimento del **tabù del sesso** non solo può dar luogo al tabù opposto, ma può essere interpretato in modo distorto e tradursi in una esplosione consumistica e irrazionale della sessualità, qualora vada disgiunto dalla cultura, ossia da una esauriente informazione e da una profonda e razionale consapevolezza. In altre parole si deve evitare che accada nell'educazione sessuale quel che è accaduto nell'educazione in generale: si è combattuta una sacrosanta battaglia per abbattere il tradizionale nozionismo, cui l'educazione culturale si era ridotta, ma ci si è dimenticati in primo luogo di costruire una vera coscienza. In tal modo non solo non si è edificata una cultura, ma, quel ch'è peggio, si è fabbricata la **presunzione di una cultura** (complice anche il Dott. Google). Anche nel campo dell'educazione sessuale, quindi, è indispensabile un ampio corredo di nozioni, di conoscenze generali e specifiche, le quali, tuttavia, è indispensabile che non rimangano al livello di pura e semplice nozione, ma vengano elaborate criticamente e si

trasformino, infine, in una vera e propria cultura sessuale, che è anche e soprattutto cultura etica e, quindi, cultura di civiltà.

2. Il problema dell'eccessivo **incremento demografico** - anche se non nella folle valutazione di Malthus - è senza dubbio preoccupante. Soprattutto perché questo incremento, che rischia di ridurre alla fame nell'arco di poco più di un secolo l'intera popolazione del globo terrestre, è determinato in particolare misura da quello che si definiva il "Terzo mondo". Il problema non si può certo risolvere né con l'astinenza, né, tanto meno, con la sterilizzazione (che, per giunta, colpirebbe esclusivamente i ceti più bassi della popolazione, i diseredati), ma va risolto con una corretta e vasta opera di "educazione sessuale", con la formazione, cioè, di una profonda "coscienza sessuale".
3. **L'omosessualità** ha assunto caratteristiche assolutamente nuove. Prima di tutto è uscita anch'essa definitivamente dalla clandestinità e dalla demonizzazione, sì che gli omosessuali hanno maturato una vera e propria "coscienza di classe" e sono divenuti, quindi, una vera e propria "classe", sul piano sia sociale, sia economico, sia politico, con tutte le conseguenze che ne derivano (dalla posizione

giuridica di questa nuova classe, all'esigenza di risolvere i problemi relativi alla coppia, vuoi femminile, vuoi maschile, e, per conseguenza, della "famiglia" omosessuale, con la relativa conseguenza degli eventuali figli etc.). È evidente che non meno impellente, anzi, decisamente più impellente di tutti questi, è il problema della "educazione sessuale", che non può più restringersi all'ambito della eterosessualità, ma deve rivolgersi, e con attenzione particolare, all'omosessualità. Ciò anche in quanto, nonostante tutto, essa è ancora troppo spesso avvertita e vissuta, a causa della sopravvivenza dell'antico tabù etico-sociale, come "colpa" da parte sia dell'omosessuale, sia, soprattutto, dell'ambiente che lo circonda, in particolare l'ambiente familiare.

4. Ai problemi della vita sessuale - seppure non solo a questi - è strettamente connesso quello dell'abuso di farmaci, **dell'impiego diffuso di stimolanti** (in particolare ecstasy e cocaina) e delle conseguenti tossicodipendenze. Anche questo non è problema che si possa risolvere o con il proibizionismo o con l'antiproibizionismo, ma va risolto con l'"educazione", È stato rilevato da ricerche condotte anche in Italia che la maggior parte dei

problemi che il giovane vive spesso drammaticamente e che non riesce a risolvere se non con il ricorso alla droga affonda le sue radici più profonde nei conflitti connessi con la sessualità del giovane stesso.

5. Ciò che possiamo ricordare infine come l'evento più rivoluzionario, fra i tanti del '900, è stata comunque la **dissociazione della sessualità dalla procreazione.** Il dualismo millenario è caduto. Oggi è possibile la prima senza la seconda e viceversa.

Terminiamo citando **l'Organizzazione Mondiale della Sanità** (OMS) che ha ritenuto importante dare un contributo nel 1974 definendo la salute sessuale come: *"La capacità di gioire e dì controllare il comportamento sessuale e riproduttivo in accordo con 1'etica personale e sociale , la liberazione da paure, vergogna e colpevolezza, false credenze e dagli altri fattori psicologici che possono inibire la risposta sessuale e interferire sulla relazione , l'assenza di disturbi, disfunzioni organiche, di malattia o di insufficienze che possono interferire sulla funzione sessuale e riproduttiva."* In sostanza, secondo l'OMS, la buona salute sessuale è un'integrazione degli aspetti fisici, emotivi, intellettuali e sociali della sessualità, secondo modalità che arricchiscono e favoriscono la personalità, la capacità di contatto e l'affettività. Il medico si è trovato nella necessità di ricorrere a strumenti culturali adeguati a far fronte a nuove richieste con il rischio, sempre in agguato, di medicalizzare tutto, anche il normale D'altro canto l'atteggiamento mentale del cittadino è cambiato in questi ultimi decenni. È aumentato enormemente il numero di sintomi di cui le persone vogliono liberarsi. La soglia di sopportazione si è abbassata. La proposta di adeguamento a modelli prestazionali è continua. E certamente la medicina dei nostri tempi è consapevole di non potersi sviluppare in una dimensione di totale ottimismo nella cura del piacere.

"Fiat Vax, fiat sex"
(M.B.)

9. Poi venne il Covid-19

Il XXI secolo (e nuovo millennio) si è aperto con buone prospettive. In verità era successo anche all'inizio del '900 con la "belle époque". Durò poco, allora come ora: dall' "11 settembre", alle guerre, alle tensioni economiche, iniziate nel 2007 con la crisi USA, giungiamo al 31 dicembre 2019. In quella data la Cina comunicava la diffusione di un "cluster" di polmoniti atipiche di origine virale. Dal deposito della sequenza di Sars-Cov-2 nei database delle biobanche avvenuta il 10 gennaio 2020 all'approvazione da parte dell'FDA di BNT162b2 ([18]), del 14 dicembre 2020, il tempo è stato relativamente breve ma si veramente determinata quella che gli storici definiscono: "data cerniera".

Entro queste ultime date si è sviluppata una storia non solo sanitaria che avrà riverberi mondiali [(19)].

---

[18] Il primo vaccino della storia per Covid-19

[19] "Appena prima della tempesta - Un diario al tempo del Covid-19" di Federico E. Perozziello (2021) È un saggio che racconta lo svolgersi della Pandemia da Covid-19 da un punto di vista medico, storico e sociale attraverso la forma narrativa del Diario aperto. In questa ricerca, condotta da un medico e storico della medicina, le vicende, a partire dal febbraio 2020 e dall'inizio

Sessualità e pandemia.

Nemmeno l'HIV, l'agente patogeno che trasmette l'AIDS, spesso per via sessuale, ha inciso tanto sui comportamenti di coppia quanto c'è riuscito un virus respiratorio (Sars Cov2) [20]. In due anni, oltre a tutto il resto, si è rilevato: calo della libido, rarefazione o assenza dei rapporti ed infine importante decremento

---

della Pandemia da Covid-19, sono legate a una rivisitazione del Mondo Tardo Medievale e alla grande Epidemia di Peste Nera degli anni 1347 -1353 con il suo impatto devastante sulla società europea del tempo. La Corte Papale di Avignone, i dubbi del medico di palazzo Guy de Chauliac e le richieste pressanti del pontefice Clemente VI allora regnante, un uomo terrorizzato dal possibile contagio e asserragliato nella sua dimora e fortezza fastosa, descrivono la sorte di milioni di individui destinati a una fine prematura a causa di un nemico invisibile che la medicina del tempo non riuscì a contrastare. Il saggio contiene una riflessione medica, storica e filosofica sulle Epidemie, sul loro essere un fatto culturale oltre che biologico e soprattutto una tragedia mai completamente risolta se non da parte delle generazioni seguenti che hanno l'obbligo morale di non dimenticare questo evento. Per comprendere e per potere ancora ricominciare, nonostante tutto. La presente è la Seconda Edizione ampliata del volume.

[20] "Così il Covid diventa nemico dell'amore e mette in crisi le coppie" di V. Randone "La Stampa" 16.2.21

delle nascite [21], per non parlare della conflittualità di molte coppie al contrario costrette al "non distanziamento" ma anche (per alcuni) una sorta di esplosione sensuale, quasi si trattasse di una ricerca del tempo perduto.
Abbiamo assistito a tutto questo. Ma non solo.
Nel maggio 2020 in Irlanda l'Health service executive, il servizio pubblico che offre assistenza sanitaria negli ospedali e nelle comunità, ha dato alcune indicazioni su come adeguare l'attività sessuale al tempo del coronavirus. Ecco le due raccomandazioni principali: "Valutate la possibilità di sospendere le interazioni fisiche e faccia a faccia, tanto più se di norma vi rivolgete ai siti d'incontri per trovare partner o se siete una lavoratrice o un lavoratore sessuale. Considerate la possibilità di usare i video appuntamenti, lo scambio di messaggi erotici o le chat. Assicuratevi di disinfettare tastiere e touch screen condivisi con altri. L'autoerotismo non diffonde il coronavirus, soprattutto se si ha l'accortezza di lavarsi le mani (e di lavare ogni giocattolo erotico) con acqua e sapone per almeno venti secondi, prima e dopo". Consigli sensati, che, inoltre, portano a compimento un processo di digitalizzazione progressiva della vita già avviato.

---

[21] "Calo di nascite a gennaio 2021: sintomo di un disturbo occasionale o conferma di un malessere strutturale?" G. Carlo Blangiardo www.istat.it/it/files/2020/04/Report_Nati_Gennaio-2021.pdf

Secondo recenti statistiche, gli adolescenti oggi passano molto meno tempo a esplorare la sessualità che a socializzare su internet o a sperimentare droghe.

Accantonato il tempo in cui uno dei più noti siti porno metteva a disposizione gratuitamente la propria versione premium agli italiani costretti alla quarantena – ed effettivamente c'è stata una crescita del consumo di portali a luci rosse anche tra gli adolescenti – l'ansia e lo stravolgimento delle abitudini ha messo a dura prova anche l'intimità e il nostro desiderio sessuale. A dimostrarlo, il consumo di farmaci durante la pandemia: sù gli ansiolitici, giù Viagra e contraccettivi. Gli stessi medici, infermieri e operatori sanitari, più di tutti in prima linea contro il virus, hanno visto la propria vita emotiva e sessuale depauperarsi. Si evince da una ricerca della Clinica Urologica del Policlinico San Martino di Genova avente come focus gli effetti del lockdown sulla salute psicologica e sessuale degli operatori sanitari e dei loro familiari ai quali sono stati somministrati questionari ([22]). È emerso un calo del desiderio sessuale in più dell'80% degli uomini e del 40% delle donne intervistate. Quanto alla soddisfazione sessuale, i più

[22] International Index of Erectile Function (IIEF), il Female Sexual Function Index (FSFI) e il Beck Depression Inventory (BDI)

colpiti sono stati: le donne, gli operatori sanitari con figli o partner in casa; tra i fattori responsabili della riduzione dell'attività sessuale, al primo posto c'era la paura di infettare il proprio compagno o la propria compagna ([23]).

Che ne sarà di noi?

Lo chiedevano in tanti durante i mesi dei lockdown. Nel frattempo le sirene delle autoambulanze laceravano i timpani e scandivano i pomeriggi. Come hanno rilevato i medici di pronto soccorso, citando Garcìa Lorca, le ore "cinque della sera" creavano uno spartiacque negli accessi agli ospedali, come se, al calare del buio, il respiro delle città diventasse più affannoso e il timore di vivere "un'altra notte così" conducesse ai quei luoghi di dolore che, allora più che mai, erano divenuti i nosocomi.
Contemporaneamente però Stefano D'Orazio e Roby Facchinetti componevano: "Rinascerò, rinascerai" e gli striscioni sui terrazzi inneggiavamo

[23]De Rose, A. F., Chierigo, F., Ambrosini, F., Mantica, G., Borghesi, M., Suardi, N. e Terrone, C. (2021) Sexuality during COVID lockdown: a cross-sectional Italian study among hospital workers and their relatives, International Journal of Impotence Research, vol. 33, pages 131–136.

speranzosamente: "Andrà tutto bene". Sulle pietre del dolore nascevano anche nuovi amori.

"Omnia vincit amor" (tutto vince l'amore), dicevano gli antichi. La vita in ogni momento cerca sempre la vita. Nell'homo sapiens da 200 mila anni tale istanza si esprime nelle forme più diversificate: i giovani che descrive Boccaccio nel Decamerone fuggivano dalla peste di Firenze nel 300 per ritrovarsi in volontari "lockdown d'amore". Durante la pandemia (2020-2021…) non è stato molto diverso ([24]).

La paura.

Per capire di più, partiamo da una Grande Madre: la Paura. È una generatrice di contrastanti reazioni, non solo in noi umani. Da una parte può suscitare un apparente vitalismo reattivo (talvolta anche un po' folle), dall'altra può determinare situazioni paralizzanti. Nel mondo animale avviene la stessa cosa. Possiamo assistere ad una fuga precipitosa o all'immobilizzazione letargica ([25]). Noi cominciamo a

---

[24] M.Bossi e coll. "Adulteri & vaccinati" 2022 In press. Raccolta di testimonianze, prevalentemente femminili, del comportamento sessuale durante i tempi pandemici del 2000. Commento dei singoli casi e analisi del cambiamento dell'erotismo indotto dalla tecnologia e dal WEB.

[25] La seconda risposta comportamentale per altri animali è addirittura impressionante: si fingono morti pur di scampare al pericolo dell'aggressione di un predatore. È un comportamento che implica l'irrigidimento totale del

provare questa emozione già da bambini nei riguardi dell'imprevisto. Impariamo a controllare la paura ed esorcizzarla anche con una sequenza di riti che nascono proprio dall'insicurezza. È un modo per cercare di indirizzare (invano) il corso degli eventi. La paura evoca in noi una forma di pensiero magico nel tentativo di condizionare la realtà. Poi da grandi, di fronte alla paura ci può aiutare anche l'eros, l'amore: potenti antidoti al senso di finitudine percepito soprattutto durante le guerre, le catastrofi, le malattie che scatenano grandi ansie ed angosce sul futuro. Non possiamo cambiare il capriccio del destino, ma anche questi "balsami" ci aiutano a superarlo.

Fra i graffiti lasciati dai napoletani nei rifugi antiaerei, utilizzati per ripararsi nel 1943 dai bombardamenti, diversi sono dedicati alla propria donna. In un luogo dove si scappava di corsa per salvare la propria vita, in un momento in cui l'esistenza era avvertita come fragile, c'era chi scriveva: "la vita senza amore è un deserto". Anche sotto le bombe, anche nella folla di un rifugio antiaereo poteva nascere così un amore. Molti ricordano il black-out elettrico di New York del 1965. Nove mesi dopo il "grande buio" di quell'anno,

---

corpo in seguito ad una situazione di pericolo al fine di simulare uno stato di morte. Gli zoologi l'hanno definita: "tanatosi", dal greco "thanatos" = "decesso". Dunque ha ragione chi afferma che "La paura è stata la levatrice e la balia della nostra evoluzione"?

gli ospedali della città registrarono un picco delle nascite. È stato l'effetto dell'angoscioso isolamento di quella notte. Ma la ragione dell'eros non subisce blackout, né uragani, né pandemie. Il binomio amore e morte (eros e thanatos) ha attraversato la nostra cultura: dalla mitologia greca a Sigmund Freud.

Come sempre avviene durante periodi di stress sociale si sono manifestati, durante la pandemia, anche casi di iridescente erotismo che, forse celato per mesi, si è manifestato soprattutto dopo la **campagna vaccinale** dell'inizio 2021.

Il "tatto": il senso smarrito.

"Avremmo avuto bisogno di abbracci, più del solito ma…", si poteva leggere nei social. E, invece, ci siamo trovati a fare i conti con la paura di un abbraccio in un mondo che all'improvviso sembrava sconosciuto. Si camminava tenendosi a distanza, con la mascherina sulla bocca, rinunciando a una stretta di mano, a un bacio, attenti a non contaminarci. Il virus, il nemico invisibile, ha cambiato molte cose nelle nostre vite. Anche la grammatica della nostra affettività, il rapporto con il corpo; il nostro e quello altrui, e dunque con il sesso. Così non solo l'epidermide, due metri quadrati di organo "sensuale", ha sofferto. È vero, come ha affermato il Prof. Vittorino Andreoli, che: " L'uomo è ben più della sua pelle", ma è un fatto che fra un lockdown e l'altro si è atteso con ansia la ripartenza di nuove relazioni e sentimenti dopo due anni in cui, tra l'altro, siamo stati proprio "orfani" del tatto che né tecnologia né il WEB non hanno potuto vicariare. Si sa, il sesso nel WEB ha bruciato più gigabyte che calorie. Anche la licenza di baciare, virologi permettendo, non è stata mai dichiarata… e poi concessa. Il bacio ha fatto paura, come simbolo di un contatto che poteva essere un contagio, ([26]) Abbiamo però forse imparato a "Capire oltre lo sguardo"? Ci siamo forse abituati, causa mascherine indossate, a "leggere "quegli occhi che parlano, in "assenza visiva" di buona parte del volto. Le nuove "maschere nude" pandemiche hanno cambiato o migliorato le nostre capacità di attenzione sugli occhi "specchio dell'anima "e dei sentimenti di chi ci parla? La pandemia ha stravolto tutto e tutti, e ha avuto una catastrofica ricaduta sulle coppie: quelle rodate e quelle meno rodate e quelle che ancora non sono coppie. L'impatto del coronavirus sulla vita intima, sui baci e sugli abbracci, sulla possibilità di vivere un amore o un'avventura, è stato a dir poco devastante.

Coppie claudicanti e Covid

---

[26] Baciarsi Condividi di Elisabetta Moro Marino Niola Einaudi, 2021

Le coppie zoppicanti o colleriche, senza la possibilità di "prendere aria" dal legame d'amore, si sono ritrovate non solo rinchiuse in casa con il partner a volte amato, altre volte odiato, ma di fronte a ciò che negli anni hanno ignorato o tacitato (la famosa polvere sotto il tappeto). ([27]) Quando "Il troppo porta al nulla" (G. Gaber), la violenza domestica e la convivenza forzata divengono variabili che mal si sposano tra di loro. Una donna (più raramente un uomo) che vive con il suo carnefice e non può andare via per tanti motivi è in costante pericolo di vita, come si è visto in molti casi. Quando lui è un uomo violento, un manipolatore, uno stalker, solitamente lei è una donna fragile o resa fragile, una donna che soffre di dipendenza affettiva, che vive tra la profonda devozione e sudditanza psicologica e il desiderio cocente di scappare via il più lontano possibile. In situazioni pre-pandemia la coazione a ripetere è stato un potente e nefasto meccanismo psichico che muove le fila di molte scelte amorose ed ha impedito a molte donne di cambiare e di recidere il legame malsano. In situazioni pandemiche, invece, l'impossibilità di andare altrove (unitamente ai condizionamenti economici) ha

---

[27] https://www.lastampa.it/cultura/2021/02/17/news/cosi-il-covid-diventa-nemico-dell-amore-e-mette-in-crisi-le-coppie-1.39910553/

spesso preso il posto della coazione a ripetere, e il risultato non è cambiato.

Onirologia da Covid-19

In una ricerca, condotta in Italia dal prof. L. De Gennaro ([28]) sul tema, sono stati analizzati 1200 casi. Non si è sognato di più ma si sono ricordati di più i "sogni pandemici", caratterizzati dalle grandi emozioni prodotte durante i lockdown ([29]). Rilievi analoghi si ritrovano in un lavoro di D. Barret ([30]) che così conclude: "Centinaia di milioni di persone si sono rifugiati a casa durante la pandemia di coronavirus, con contestuale abbandono di abituali ambienti di lavoro, di studio e degli stimoli sociali quotidiani. Tutto ciò ha (forse) lasciato ai sognatori una carenza di "ispirazioni" (stimoli quotidiani n.d.r.), costringendo il nostro subconscio ad attingere più pesantemente a temi onirici (spesso irrisolti n.d.r.) dal nostro passato". "Il fascino del sogno, l'attrazione e la paura che incute, è così forte da essere al centro dell'universo simbolico dell'uomo, del suo destino". L'onirologia ammalia sempre, indipendentemente dal Coronavirus ([31]). Pensiamo che le situazioni vissute abbiano indotto

---

[28] http://www.sonnomed.it/.../i-sogni-al-tempo-della-pandemia/

[29] Anche in "Focus" N° 335 Settembre 2020 pag. 35

[30] https://www.nationalgeographic.com/.../coronavirus.../

[31] In proposito, utile l'ultimo libro del prof. V. Andreoli.: "Le sorgenti del sogno" - pag.55 ss. e 113 - Marsilio Ed. 2020.

molti a sognare del tempo perduto nei mesi del Covid-19. Una Signora ci ha inviato la foto di una lettera che ha ricevuto da un "compagno di classe" delle scuole medie inferiori (non più rivisto da oltre cinquant'anni!) Sono state molte le reviviscenze amorose. Non è difficile capire che cosa si sia agitato nella mente sognante che ha portato verso "affondi nel passato". Lasciamo agli indagatori del profondo di valutare quanto vi sia stato di senso di precarietà, di crollo delle illusioni "scientiste" e, come dicono i filosofi, quanta percezione di "finitudine" si sia fatta strada nottetempo. Con il lockdown non sono mancate certo le occasioni per riflettere e ci si è ritrovati, da svegli, a soppesare i rimpianti, soprattutto quando questi superavano i sogni! Il tutto in "*un tempo in cui*" come diceva Turgenev *"i ricordi diventano rimpianti, e le speranze illusioni"*

Virtualità e reti.

Abbiamo assistito all'esplosione della virtualità ([22]). Sesso virtuale e realtà aumentata sono i protagonisti di molte ricerche. Quanto scritto da Jessica Powell ([32]) nel suo libro: "Ecco come sarà il 2021 nel settore del digitale" non sappiamo se sia stato preveggenza o una

---

[32] https://trends2021.wired.it/speaker/jessica-powell

vera minaccia. J. Powell è stata vicepresidente di Google ed ha comprensibilmente avuto accesso ad informazioni, news e anticipazioni di ciò che ci riserverà il futuro prossimo venturo nel campo del digitale. I sex toys prossimi venturi protesizzeranno l'amore? Le baby dolly, dotate di superficie simile all'epidermide umana, sono già in soffitta? È impressionante poi la velocità con cui ci adeguiamo al mutare della tecnologia in tutti i settori. Ma qui oggi assistiamo ad una invasione non genitale ma cerebrale dell'altro/a. Non c'è solo una "realtà aumentata" ma un telecontrollo sensoriale (e domani psichico?) del partner. È vero che la curiosità di ogni uomo è sempre stata espressa dalla domanda: "che cosa si prova ad essere donna nel momento dell'orgasmo?" È vero che la mitologia ci racconta di Tiresia, un indovino tebano, che avrebbe trascorso metà della sua vita come uomo e metà come donna e descriveva il piacere femminile decuplo di quello da lui provato come maschio. Qui non è più curiosità; siamo di fronte a ben altro. Ci sono ricercatori che affermano che saremo in grado di percepire profumi, odori dei nostri interlocutori via WEB. Insomma, grazie a sensori e trasduttori riusciremo a percepire e a trasmettere segnali bioelettrici a tutti i nostri cinque sensi. Mi sembrerebbe però di penetrare così non solo nei sensi ma nel "giardino segreto" di ognuno di noi nel quale si cela una parte dell'aura del fascinoso mistero che ci avvolge.

Nel tempo in cui l'uomo vive "con il telefono in tasca" (Vittorino Andreoli), in cui si è passati dalle protesi organiche (ortopediche, andrologiche, cardiache ecc.) a quelle mnemoniche ed oggi a quelle sensoriali, mi chiedo se l'essere umano abbia più bisogno di navigare nella "realtà aumentata" esterna o di riprendere ad essere un po' entronauta in sé stesso. Ma allora, quali saranno le nostre scelte future e fino a che punto vogliamo percorrere questa strada?

Scriveva Paulo Coelho: "Gli incontri più importanti sono già combinati dalle anime prima ancora che i corpi si vedano". Se sostituiamo la parola "anime" con "algoritmi", possiamo farci un'idea di come funzioneranno le relazioni e gli atti sessuali in futuro. Un brivido scorre lungo il mio midollo spinale.

Sex worker.

La storia dei costumi sessuali è stata sempre testimone di "un cuore pulsante" dei nostri comportamenti: sistole e diastole; contrazione e allentamento hanno caratterizzato in proposito la vita dell'homo sapiens. A periodi di lassismo si sono succeduti cicli di severo controllo ma ciò è dipeso da condizionamenti prevalentemente sociali e culturali. Gli anni che stiamo vivendo rappresentano certo un evento unico per gli osservatori di questi fenomeni sociali. Persino il comportamento delle/dei "sex worker" è cambiato e cambierà. C'è una realtà molto attuale e addirittura forse unica nella storia di costumi sessuali occidentali. Penso che non sia mai avvenuto che, a seguito di una ordinanza dello stato, la prostituzione si sia fermata, come in parte avvenuto in Italia in questi anni. Neppure un secolo or sono, durante la pandemia di "spagnola", peraltro allora minimizzata dai governanti italiani, tanto erano preoccupati dall'andamento della Prima Guerra Mondiale. Infatti, le case di tolleranza sui fronti di guerra (Veneto n.d.r.), per tenere alto il morale delle truppe, continuarono allora ad esercitare … e a diffondere il virus pandemico! Nel nostro caso è ancora più interessante perché di fatto le autorità odierne hanno disposto, per ragioni di salute pubblica, il lockdown ma ovviamente si sono ben guardate di dare e fornire indicazioni anche alle professioniste di questo settore. Come avrebbero potuto d'altronde, proprio perché non riconosciute dalla legislazione vigente? Ci troviamo di fronte ad una situazione di mancanza normativa e, per dirla tutta, d'ipocrisia. Non normiamo dal punto di vista sanitario né tributario la professione, non diamo indicazioni in caso di pandemia ma l'Agenzia delle Entrate qualche volta invia accertamenti a "operatrici corporali", senza partita IVA, per redditi di provenienza sconosciuta. Fino a qualche decennio fa chi scrive era contrario ad una revisione della legge Merlin. Dopo aver vissuto gli anni dell'AIDS e compreso la situazione, talvolta drammatica, in cui vivono alcune di queste lavoratrici, ritengo che rimandare ancora la regolarizzazione dell'attività da parte dei nostri vari governi sia stata una colpevole omissione. Giuste tasse, certo, ma controllo sanitario e tutela tanto dei "fruitori finali" che delle fornitrici d'opera.

Ognuno di noi deve esser però parte attiva e non ipocrita nella soluzione del problema. Spesso si sente invocare la creazione di case chiuse e quartieri del sesso, ma "altrove", lontano dalla propria abitazione, come le discariche, indispensabili ma che non devono essere vicine alla propria dimora. La coerenza si impone, non solo ai politici. Forse sarà uno degli effetti collaterali (non danni in questo caso) della pandemia?

Erotismo di ieri, consumi di oggi.

Nell'erotismo esisterebbe uno strano paradosso: il bisogno di una proibizione da trasgredire!

Ne ha scritto Georges Bataille (1897–1962), antropologo e filosofo francese, nella sua "Storia dell'erotismo" (33). Afferma Bataille che: "L'uomo, per essere tale, deve distaccarsi dall'animalità, dunque porsi dei divieti che riguardano il sesso, la morte, le

[33] G. Bataille *"Storia dell'erotismo"* Fazi Ed. 2006.

deiezioni. Ma la semplice sessualità è necessaria alla vita, e dunque al suo riguardo è necessario sia porre divieti sia trasgredirli; di qui la nascita dell'erotismo". Ma le tesi di Bataille sono ancora attuali? Anche dopo l'esperienza pandemica?

Il campione presente nei racconti delle giovani donne da noi intervistate in opera già citata ([34]) non è stato certo rappresentativo di una realtà variegata come è quella del generale comportamento sessuale, ma indicativo, secondo l'esperienza degli scriventi, del cambiamento che si è verificato nell'approccio femminile circa i temi della sessualità. Il sessuologo deve essere sempre avere atteggiamento avalutativo, anche di fronte a certe "stranezze" che vengono raccontate. Ma un tempo erano le chiacchiere da bar o le confidenze maschili; ora il vaso di Pandora del fantasmatico femminile si è aperto e quello che un tempo veniva sussurrato, adesso viene palesato.

In sintesi, sembra di cogliere (anche a seguito dell'esperienza sociale post clausura?) una femmina sempre più "alfa" ed il maschio che subisce. Senza scomodare i "femminicidi" che pure possono essere un termometro, a testimoniare questo disagio c'è l'oscillazione del sismografo delle turbe sessuali maschili, solo in parte emendate dalla varia farmacopea che si è affacciata per la gioia dei bilanci di Big Farma.

---

[34] M.Bossi e coll. "Adulteri & vaccinati" 2022 In press.

La trasgressione oggi si sostanzia nel non trasgredire. Ciò ha portato con sé un inevitabile "liquidità" dei legami, acuita, secondo lo scrivente, proprio dai mesi del lockdown e poi dopo una sorta di viatico rappresentato per molti (ma non per tutti, come noto) dalla presunta libertà indotta dalle campagne vaccinali. Ma, in una società "liquida", in cui la tirannia della novità convive con l'imperativo della rapida rottamazione. Anche le trasgressioni sono impermanenti.

Privacy invocata e corpi esibiti.

Uno dei temi più dibattuti nei mesi della pandemia è stato l'argomento della privacy. La percezione di finitudine, di isolamento che si è vissuto ha certo indotto ansia, depressione ed aumento di impiego di psicofarmaci, documentato dai dati di Federfarma [(35)], ma anche di converso una "reattività comportamentale" veramente peculiare. Abbiamo assistito a veri ossimori.

In che misura il tracciamento sociale è stato invasivo della nostra riservatezza? I vari opinionisti si sono divisi fra la prevalenza della tutela della salute collettiva

---

[35] https://federfarma.it/Edicola/Filodiretto/VediNotizia.aspx?id=22353

sull'invasione del privato dei cittadini ed il contrario. A proposito dell'applicativo "Immuni" che dovrebbe (avrebbe dovuto) registrare i nostri contatti con potenziali portatori del Sars-Cov-2, la maggioranza dei "Leoni della tastiera" si è pronunciato contro. No alla geolocalizzazione, si è sentito "urlare", con scritte a "LETTERE Maiuscole", sui social. Molti si sono espressi contro ogni invasione del recinto privato personale con invettive digitate sul proprio smartphone. Tutto ciò è comprensibile: dal ricovero di Mattia all'ospedale di Codogno (caso n°1 del 21.2.20) fino al lockdown che ha chiuso tutti in casa, le settimane a cavallo tra febbraio e marzo 2020 sono state scandite da DCPM, zone rosse e autocertificazioni. È stata un'Italia che, ora dopo ora, ha visto comprimere la sua libertà: si poteva cantare sui balconi ma guai a correre in un parco, salvo avere un cane al guinzaglio. Tutti (o quasi) sottoposti al controllo di tutti. Poi, in una sorta di metamorfosi psichica, alcuni dei tutelatori del fortino della propria intimità, dimentichi di presidiarlo, si sono iscritti a Zoom et similia ma non solo per lo smart working ed i webinar. Molti ex leoni da tastiera, paladini dell'individuo contro i Big data (le grandi concentrazioni informatiche di dati personali), si sono trasformati nella piattaforma Zoom in giaguari con tanto di mascherina, non a fini anti-Covid, ma nella stucchevole riedizione del Carnevale mascherato dello shopping sessuale on line. Ora sappiamo tutti che la privacy non è affatto garantita sui "siti d'incontro", anzi! Dunque il contrasto pare evidente. Non si accetta che il "Grande Fratello", tramite una "app" di tracciamento possa controllare la propria andata dall'ortolano per la spesa, ma si permette che le riservate posture erotiche, immortalate dal visivo e solitario adepto, in atteggiamento di autogratificazione, abbiano eterna vita nel "copia e incolla" che notoriamente si genera nella Rete.

Temi irrisolti.

Infine esistono problemi irrisolti che ormai sono ineludibili. Nell'arco di poche settimane si è chiuso per noi un triangolo.

1) In un incontro con giovani specializzandi ci siamo resi conto che nessuno conosceva le linee guida sull'Educazione sessuale pubblicate dalla Comunità europea [(36)].
2) Milena Gabanelli ha pubblicato il resoconto sulla pornodipendenza dei giovani [(37)].

---

[36] http://www.fissonline.it/pdf/STANDARDOMS.pdf
[37] https://www.corriere.it/dataroom-milena-gabanelli/adolescenti-dipendenza-pornografia-online-cosa-guardano-quanto-rischi-che-

3) Ci è pervenuta la tesi di laurea della Dott.ssa Maddalena Pascariello sul "Chemsex" (la pratica, sempre più diffusa, di impiegare sostanze psicoattive prima o durante incontri sessuali). E non stiamo parlando di farmaci erettogeni!

È il "triangolo delle Bermude" in cui sta naufragando l'educazione affettiva e sessuale che NON abbiamo adeguatamente fatto negli anni.
Non rimane che studiare ancora una volta il cambiamento dei costumi sessuali; non solo la "genetica" del nostro comportamento ma anche l'epigenetica [(38)] tanto in auge oggi. Se tanto rilievo si attribuisce alle ricerche relative al D.N.A., che è, in sostanza, l'archivio in cui si conservano i documenti

---

corrono/457f3b16-e7b0-11eb-8f62-5849b2b6aae2-va.shtml?fbclid=IwAR0tdUjWM6tELu1D0DCDNGHXsAASNELfbJMVdfGu7EunBeMgWPDsKwQ48Og

[38] L'epigenetica si occupa dei cambiamenti fenotipici ereditabili da una cellula o un organismo, in cui non si osserva una variazione del genotipo. L'ambiente, il comportamento si ritiene che sia è in grado di indurre modificazioni, dette epimutazioni, che durano per il resto della vita della cellula e possono trasmettersi a generazioni successive delle cellule attraverso le divisioni cellulari, senza tuttavia che le corrispondenti sequenze di DNA siano mutate. Sono quindi fattori non-genomici che provocano una diversa espressione dei geni dell'organismo. Fenomeni epigenetici sono ad esempio alla base della maggior parte dei processi di differenziamento cellulare (e loro alterazione, quindi anche nel cancro), dell'inattivazione del cromosoma X, e concorrono a una certa plasticità fenotipica ereditabile in relazione a cambiamenti ambientali. Ad esempio, eventi molto stressanti possono lasciare un'impronta epigenetica a livello della metilazione del DNA.

della nostra storia genetica, importanza non minore si deve riconoscere alla nostra storia comportamentale. Questi anni che stiamo vivendo, ne sono certo, rappresenteranno un capitolo significativo.

Elena e Penelope.

Abbiamo infine trovato, anche durante questo tempo, due figure femminili che hanno accompagnato la nostra storia dei costumi sessuali in Occidente: da un lato Elena, l'adultera, la grande seduttrice, icona di bellezza e simbolo della potenza distruttiva dell'eros. Dall'altro Penelope, la moglie devota, consacrata dall'Odissea come monumento di modestia e di virtù coniugali. Sono "Due modelli che hanno attraversato i secoli ma che, forse, non sono poi così distanti. Creature straordinarie ed esemplari al tempo stesso, Elena e Penelope sono diventate figure chiave di ogni discorso sulla forza oscura del desiderio e sulle ambiguità nelle relazioni tra i sessi: Elena, la donna più bella e pericolosa del mondo, e Penelope, la sposa perfetta, sono state eterne compagne di strada in un viaggio che ha percorso l'intera storia della cultura occidentale. Attraverso questi personaggi archetipici gli antichi riflettevano sul ruolo della donna nella società e sul carattere dell'istituzione matrimoniale.

Sulla tirannia dei sensi e su un concetto di fedeltà che conosce, nel mito come nella realtà, più di un chiaroscuro" (G. Ieranò) [39]. Abbiamo trovato di questi tempi più Elene che Penelopi ma forse ci sono sfuggite le molte Penelopi che durante la pandemia avevano dentro una Elena inespressa.

---

[39] G. "Elena e Penelope. Infedeltà e matrimonio" Einaudi Ed. 2021.

"Anche dopo la rivoluzione francese
la parità di diritti (sessuali)
fu solo un concetto vuoto. "
R.Tannahill Storia dei costumi sessuali.

Appendice

Lo studio dei costumi sessuali.

Se il poeta è il cuore ed il filosofo è l'intelletto di un gruppo sociale, lo storico ne è la memoria. Ma che cosa significa essere la memoria di un gruppo sociale? Significa essere lo strumento indispensabile per rispondere alle tre domande che già il Petrarca giudicava le fondamentali, anzi le uniche vere domande per l'uomo: "Chi siamo? D'onde veniamo? Dove siamo diretti?" La storia, quindi, in quanto "memoria" è chiara consapevolezza di quale sia e perché sia tale la realtà attuale nella quale viviamo ed agiamo sotto ogni profilo, politico, economico, sociale. Non basta: soprattutto sotto il profilo comportamentale che è il risultato da un lato della nostra natura di puri e semplici - per molti aspetti - mammiferi eretti; dall'altro della nostra storia, generalmente senza che ce ne sappiamo compiutamente rendere conto. E questo è - più di qualsiasi altro aspetto - quello che ci differenzia da tutti gli altri esseri viventi, da tutti quelli che - con una punta di spesso mal celata presunzione - siamo soliti definire "animali": non il dono della parola o delle capacità intellettive, ma il fatto che noi uomini abbiamo una storia e gli "animali" no. Va tuttavia sottolineato che senza la "memoria", ossia senza la consapevolezza di questa storia, noi ben poco ci differenzieremmo dagli altri "animali". La storia, dunque, mentre ci dice da dove veniamo, ci rende consapevoli di chi siamo, perché siamo come siamo e ci rende, per conseguenza, capaci di conoscere anche dove siamo diretti, anzi, capaci di costruire il nostro stesso futuro. Ché non si può non condividere la convinzione di Seneca, secondo il quale nulla è più dannoso per l'uomo che andare "dove si va", anziché "dove egli vuole e deve andare", intendendo "dovere" non nel senso deterministico del "non poter fare diversamente", ma nel senso di suprema espressione della "libertà", fondamento di ogni moralità: io "devo" in quanto liberamente scelgo la mia azione, quale, kantianamente, "legislatore di me stesso".

Ebbene, la **storia dei costumi sessuali** è tutto questo e lo è in quello che può e deve senza dubbio considerarsi se non il più importante, certo uno dei più determinanti fattori della nostra vita quotidiana. Come la biologia, studiando il **D.N.A.** e la sua storia, stabilisce, appunto, da dove veniamo, dove ci troviamo e perché, e dove siamo diretti sotto il profilo genetico, così la storia dei costumi sessuali, delle loro origini, della loro evoluzione, delle forze e delle componenti che ne hanno determinato e caratterizzato le diverse tappe evolutive è, per così dire, la storia del nostro DNA sessuale, ossia l'unico, indispensabile strumento, l'unica, indispensabile bussola che possa guidarci a costruire consapevolmente il nostro futuro sessuale. E come la storia del DNA ha aperto orizzonti tanto vasti quanto inquietanti sul nostro futuro genetico, così la storia dei costumi sessuali non può che aprire orizzonti altrettanto vasti e probabilmente non meno inquietanti sul nostro futuro sessuale. Differenze profonde, tuttavia, risultano evidenti fra la ricostruzione della storia del nostro DNA genetico e quella del DNA dei nostri "costumi sessuali". Prima di tutto la storia del nostro DNA genetico abbraccia un arco di tempo in confronto al quale la storia dei nostri costumi sessuali rischia di essere più breve di un batter di ciglia. Basti pensare che la nostra Terra ha pressappoco un'età di 5 miliardi di anni e che la prima forma di vita (e quindi le prime strutture di DNA) comparvero sulla Terra circa 3, 8/ 3, 5 miliardi di anni fa. Quando si consideri che i primati (dai quali - in ultima analisi - uscì l'uomo) fecero la loro prima comparsa circa 70 / 60 milioni di anni fa; che l'Homo sapiens sapiens (come orgogliosamente e forse anche presuntuosamente noi ci siamo definiti) comparve, con ogni probabilità, circa 40.000 anni fa e che solo con la sua comparsa si può cominciar a parlare di "civiltà"- sia pure in un senso ben diverso da quello che si attribuisce al termine quando si parla di "Civiltà Egizia" o di "Civiltà Greca" -, quando, dicevamo, si consideri tutto ciò, ci si renderà agevolmente conto che la storia della civiltà umana e, con essa, dei nostri costumi sessuali è solo circa 1/143 della storia della vita sulla terra. Ma v'è di più: se è vero che l' Homo sapiens sapiens è vivo ed attivo solo da circa 35.000 anni, è altrettanto vero che le prime testimonianze che in qualche modo siano interpretabili come più o meno chiari documenti relativi alla vita sessuale dei nostri antenati (le famose "veneri") sono di circa 5.000 anni più recenti e che i primi documenti scritti (testi religiosi, giuridici, letterari) e figurativi che ci forniscano notizie sufficientemente chiare e sicure relative ai costumi sessuali risalgono solo a poco più di 5.000 anni fa, ossia alle prime grandi "civiltà" nel senso che questo termine assume quando si parla di "Civiltà Assiro-Babilonese", o "Egizia" o "Greca", "Indiana", "Cinese", e via dicendo. Che cosa significhi tutto questo risulterà più chiaro e più evidente solo che si facciano due semplicissimi calcoli: supponiamo che la storia della nostra Terra corrisponda al lasso di tempo di un anno. Ebbene: la storia dell'Homo sapiens sapiens dalla sua prima comparsa ad oggi occuperebbe gli ultimi 3 minuti e 40 secondi circa, e la storia delle civiltà, dalle più antiche (Mesopotamica, Egizia, etc.) sino a tutta la nostra occuperebbe solo gli ultimi 31, 53 secondi! Se, poi, considerassimo la storia della Terra corrispondente ad un giorno, ossia a 24 ore, scopriremmo che la storia dell'Homo sapiens sapiens occuperebbe di questo giorno gli ultimi 0, 648 secondi e che quella delle grandi civiltà, compresa la nostra, si ridurrebbe agli ultimi 0, 0864 secondi! Quando, dunque, cerchiamo di fare la storia dei nostri costumi sessuali, facciamo, in realtà, la storia degli ultimi 31, 53 secondi, o, se si preferisce, degli ultimi **0,0864 secondi!** Questo perché un conto è parlare di storia della "sessualità"; altro conto è parlare di storia dei "costumi sessuali", e la differenza sta proprio nel termine "costumi". La "sessualità" indica semplicemente il complesso dei caratteri e dei fenomeni relativi al sesso e non comporta né componente alcuna, né alcuna valutazione o giudizio vuoi sulla base di un criterio di distinzione fra bene e male, vuoi, per conseguenza, sotto il profilo di alcun presupposto religioso, filosofico, politico o giuridico, che regoli l'atteggiamento ed il comportamento dell'individuo nei confronti della società nella quale vive ed opera. Il termine **"costume sessuale"** se, da un lato, implica necessariamente la "sessualità", dall'altro implica il concetto di norma, di regola, di tradizione relativi al comportamento sessuale, ossia implica tutto quel complesso di fattori che concorrono a caratterizzare una "civiltà", sia essa quella Indiana, o quella Greca Classica o quella Greca Ellenistica, o quella Cristiana Medioevale, e via dicendo. Ed è proprio per questo che, a seconda delle diverse epoche o delle diverse civiltà, e, quindi, delle diverse culture, si vedono approvate o aspramente disapprovate la poligamia (meglio la "poliginia") e la poliandria, l'omosessualità e l'eterosessualità; si vede addirittura obbligatorio o bollato a fuoco l'incesto; si vede la prostituzione ora considerata come servizio sacro, ora annoverata fra i flagelli di una società civile, e via di questo passo. Così, benché la storia dei "costumi sessuali", come la storia della "civiltà" si riduca, paradossalmente, alla storia di pochi minuti, di pochi secondi, o addirittura di pochi millesimi di secondo, essa è da una parte straordinariamente complessa e forse non meno complicata della storia del nostro DNA genetico; dall'altra risulta in certo qual modo estremamente più semplice. È straordinariamente complessa e, quindi, deve tener presenti tutte le altre "storie" che concorrono a costruire la "storia della civiltà": la storia delle religioni, delle filosofie, delle culture nel più vasto ed articolato senso del termine (letteratura, arte, poesia, musica, etc.), della politica e - non meno importante, anzi fondamentale - la storia dell'economia. E, d'altra parte, è più semplice in quanto i diversi periodi, le diverse epoche, i diversi climi culturali e sociali della storia della civiltà sono in generale più agevolmente individuabili sia nelle loro premesse, sia nelle loro manifestazioni più compiute. Così, per esempio, il trapasso dal Regno Antico al Medio ed al Nuovo Regno nell'Antico Egitto è abbastanza chiaramente ricostruibile, come è chiaramente individuabile sia nelle sue premesse (Euripide, Aristotele), sia nelle sue strutture il trapasso dalla cultura della Grecia classica alla cultura Ellenistica. E ciò non solo sotto il profilo culturale in senso stretto (arte, religione, filosofia, scienza, etc.), ma anche e soprattutto sotto la prospettiva politica, economica e sociale. Altrettanto dicasi per il trapasso dalla cultura Romana a quella dell'Alto e, poi, del Basso Medio Evo e per il passaggio da questo all'Umanesimo prima e, poi, al Rinascimento, le cui premesse si leggono chiaramente nel passaggio da un'economia "chiusa" - quella del "feudo" - ad un'economia "aperta" - quella dei "comuni" e delle "libere repubbliche" - cui corrispose inevitabilmente il passaggio da una politica "universale" - quella dell' "Impero" più o meno "Sacro" e più o meno "Romano" ancora anacronisticamente vagheggiato da Dante che sembra di tutto capisse, fuorché di politica! - ad una politica "nazionale" e da una società "nobiliare e cavalleresca" ad una società "borghese", ma di una borghesia essenzialmente di mercanti ed artigiani (quindi in buona parte diversa dalla nostra borghesia attuale). Questa, a sua volta, impadronendosi del potere (come i Medici - banchieri - in Firenze o gli Scaligeri - mercanti - in Verona) ed assumendo gli atteggiamenti dell'antica nobiltà cavalleresca, realizzerà da un lato le grandi Monarchie europee, dall'altro le "Signorie" italiane. A tutto ciò corrispose una vera e propria "esplosione" dell'economia di mercato, dell'economia commerciale e finanziaria e della politica di espansione europea. Ovviamente questa complessa ed intricatissima serie di componenti non poteva non influire in misura determinante anche sui "costumi sessuali" che sono una delle espressioni della società e, quindi, ne riflettono anche tutte le caratteristiche. Basti un esempio: l'Alighieri rimpiange la Firenze del buon tempo passato, ossia di poco più di un secolo prima, che era "sobria e pudica" e, per conseguenza, non vedeva le donne ornate di braccialetti e collane, di diademi d'oro e d'argento, magari tempestati di perle, indossanti gonne ricamate. Neppure gli uomini dovevano portare cinture estremamente appariscenti. Le donne avrebbero dovuto stare in casa a cullare gli infanti, a filare la lana ed a raccontarsi le belle favole antiche (le avventure dei Troiani, dei Romani, dei Fiesolani), sicure che dove fossero nate, lì sarebbero anche morte; nella quale nessun marito lasciava sola la moglie nel letto matrimoniale per recarsi "in Francia". Le case erano sempre e costantemente occupate dai loro abitanti e nella quale la nascita di una figlia non era ancora motivo di spavento per il padre che non avrebbe dovuto preoccuparsi di un eventuale matrimonio precocissimo e di una relativa dote di proporzioni enormi. Ebbene, questa Firenze ormai scomparsa è evidentemente una Firenze per così dire feudale: gli ornamenti non esistevano perché le modeste finanze familiari non ne consentono l'acquisto e, per conseguenza, non se ne producono in quanto non avrebbero mercato; le vesti sono di semplice stoffa, una specie di "sacco" la cui cintura è una non meno semplice corda (l'umile cordone dell'abito francescano). Nessun marito andava all'estero perché non esisteva commercio; le case erano sempre occupate in quanto erano "il monolocale feudale", che fungeva contemporaneamente da cucina (e generalmente anche stalla), sala di ricevimento e camera da letto. Le figlie si sposavano in età matura e con doti modestissime perché la creazione di un nuovo nucleo familiare era ostacolata dalle difficoltà economiche in cui tutta la popolazione in generale versava. Ovviamente questo rimpianto dantesco significa che la Firenze del suo tempo era una città di ricchi borghesi: le donne amano e si possono permettere i gioielli e le vesti ricamate perché il marito si arricchisce con il commercio, per il quale abbandona la casa recandosi in Francia (uno dei più ricchi e prosperosi mercati d'Europa); le donne non filano la lana e non accudiscono agli infanti in quanto possono comprare i capi d'abbigliamento già confezionati da altri e possono pagarsi una "baby-sitter" o addirittura una nutrice; un tempo le donne si narravano le antiche favole, perché non sapevano né leggere, né scrivere e, quindi, non potevano neppure abbordare la più recente letteratura, soprattutto quella erotica (che - si noti bene - fu, secondo **Dante**, la tragica "galeotta" dell'amore peccaminoso fra Paolo e Francesca), come fanno, invece, le donne del tempo di Dante; sanno dove sono nate, ma non possono prevedere dove moriranno, perché gli affari del marito spesso lo obbligano a trasferirsi in città o in terre ove la sua attività renda meglio; le case hanno un "reparto giorno" ed un "reparto notte", per cui, ovviamente, sono alternativamente "vuote": di giorno è vuoto il reparto notte e viceversa; l'esigenza di fondere ed ingrandire i capitali, porta a matrimoni di giovanissimi rampolli e rampolle delle ricche famiglie borghesi, con relativi patrimoni in dote Ma, soprattutto ed in conseguenza di ciò, nella Firenze del tempo di Dante è "giunto Sardanapalo / a mostrar ciò che in camera si puote", ossia sono giunte lussuria e mollezza (Sardanapalo), il che significa che mentre prima il "costume sessuale" era esclusivamente in funzione della procreazione (o almeno l'Alighieri si illudeva che così fossero state le cose nel "buon tempo antico"). Al tempo di Dante la sessualità era intesa come "divertimento" ("vizio" per Dante!), come quel "sereno e maschio sollazzarsi" che trionferà di lì a poco in numerose novelle del "Decamerone". E si tenga presente che con Dante siamo pressappoco un secolo e mezzo prima che quella "esplosione" della politica di espansione europea cui accennavamo poco sopra. Ecco come la mutazione di una società sul piano economico, si riflette su tutti gli aspetti della vita quotidiana e, quindi, anche sui "costumi sessuali". A quella "esplosione economica" ponevano ostacolo da un lato la potenza di Venezia, che era praticamente padrona del Mediterraneo e, con un'abile e duttile politica nei confronti dei Turchi, aveva il monopolio dei commerci con l'Estremo Oriente, ossia dei commerci delle famose "spezie"; dall'altro lo stesso Impero Ottomano, il quale, occupando lo Stretto dei Dardanelli e tutto il Medio Oriente, bloccava di fatto l'espansione europea in quella direzione. Di qui l'esigenza di scavalcare sia Venezia, sia l'Impero Ottomano e di raggiungere le "spezie" per altre vie e di qui anche la cosiddetta "scoperta" dell'America. Se sul piano commerciale la via aperta da Bartolomeo Diaz alla circumnavigazione dell'Africa fu certo più immediatamente fruttifera di quella aperta da Colombo con il conseguente, clamoroso approdo alle "Indie occidentali", il contatto con il "Nuovo Mondo" e con le sue popolazioni costituì per la società e la cultura europee un impatto che è poco definire dirompente. Ne derivò una vera e propria rivoluzione economica, politica, sociale e, soprattutto, culturale e religiosa che pose le premesse sia della grande crisi morale e religiosa espressa dalla Riforma e dalla Controriforma, sia della futura rivoluzione scientifica del Seicento, cui aprirono la via da un lato le nuove conoscenze geografiche ed astronomiche (basti ricordare che si dimostrarono completamente errate ed infondate sia le antiche misure delle dimensioni del globo terrestre, sia le antiche credenze intorno agli "antipodi" ed alla inabitabilità della fascia tropicale) e dall'altro un fatto specificamente sessuologico: l'esplosione della **sifilide** con l'andamento di una vera e propria virulentissima epidemia. Il fatto che si contraesse la malattia soprattutto in seguito a rapporti sessuali incise profondamente sia sul piano del comportamento individuale, sia sul piano giuridico e di regolamentazione dei rapporti sociali, sia sul piano della diagnosi, della terapia e della prevenzione, con gli ovvi, inevitabili riflessi sulla farmacologia e sulle dottrine eziopatogenetiche (si riprende sotto nuove prospettive il concetto di "contagio"), sia, infine, sui "costumi sessuali. La conseguenza di tutto questo sarà la grande rivoluzione economica, sociale e soprattutto scientifica del Seicento, la quale inquadra anche la sessualità sotto il profilo da un lato "iatromeccanico" (l'essere vivente - come tutto l'universo - è una "macchina", costituita da macchine sempre più piccole, sino alle "macchinette invisibili ad occhio nudo", nella convinzione di poter individuare le quali si inventa il microscopio), dall'altro "iatrochimico" (i fenomeni biologici e, quindi, anche la sessualità, si riconducono a fenomeni chimici, sia pure nella prospettiva di una chimica decisamente ancora ad uno stadio embrionale). Cambiano, per conseguenza, radicalmente anche l'interpretazione e la valutazione dell'atto sessuale, con il conseguente profondo mutamento dei "costumi sessuali": da una parte l'esigenza di sfogare l'impulso sessuale e la conseguente regolamentazione definitiva delle "case chiuse" (che, peraltro, già esistevano presso le civiltà più antiche, ma con significati, funzioni e caratteristiche spesso profondamente diverse); dall'altra il "perbenismo" di una società sostanzialmente ipocrita quanto profondamente corrotta e corruttrice, che affondava le sue radici, con assai discutibile legittimità, nel terreno culturale del Cristianesimo medioevale, il quale aveva sostituito alla gioiosa e sana sessualità delle civiltà Greca e Romana il culto della verginità e dell'astinenza, più o meno intensamente professato e praticato e più o meno ampiamente tradito. Fu questa cultura - ribadiamo sostanzialmente ipocrita - che creò quel "tabù" del sesso, ed i relativi "costumi sessuali" predicati più che praticati e le conseguenti frustrazioni sia sul piano psichico che sul piano etico, da cui ci stiamo abbastanza faticosamente liberando solo da poco più di vent'anni.

Siamo così tornati al punto dal quale siamo partiti: il fatalismo degrada l'uomo al livello di puro e semplice mammifero eretto; la coscienza del proprio passato significa consapevolezza del presente, di sé stessi e, quindi, capacità di costruirsi il proprio futuro. E questo non è possibile senza la "memoria storica", che costituisce l'elemento che più di ogni altro fa l'uomo diverso da tutti gli altri esseri viventi: non tanto la parola, o la capacità razionale, non tanto l'uso delle mani e l'attività fabbrile, quanto il possesso di una "memoria storica", ossia di una "storia" che l'uomo ha costruito nel corso dei secoli e che è chiamato a costruirsi per il futuro. Solo in questo senso si può parlare di una superiorità dell'uomo su tutti gli altri animali: gli animali hanno solo un presente, del quale certamente non sono consapevoli; l'uomo ha un passato, del quale ha la memoria; ha un presente, del quale è consapevole; ha un futuro, del quale può essere e deve essere l'artefice.

La storia dei costumi sessuali è, in sintesi, storia della nostra "cultura sessuale".

Riferimenti bibliografici

Bibliografia essenziale.

Le Storie generali della Medicina, anche le più ampie e documentate, dedicano alla storia della sessuologia ampiezza relativamente maggiore soprattutto la storia della psicologia e della psicoanalisi. Su alcuni aspetti che in qualche modo, direttamente o indirettamente, presentano agganci e riferimenti alla storia della sessuologia, si potranno consultare con qualche profitto: E. Hollander Aeskulap und Venus, Berlino, 192; A. WIlly-C. Jamont Enciclopedia della sessualità, Torino, 1966; AA.VV. Sexualité humaine histoire, ethnologie, sociologie, psychanalyse, philosophie, Parigi, 1966. Per Aristotele sarà utile la consultazione di Opere biologiche di Aristotele, a cura di Diego Lanza e Mario Vegetti, Torino, 1971 (si vedano in particolare le pagine 808 ss.). Per Galeno è di una certa utilità il volume Opere scelte di Galeno, a cura di Ivan Garofalo e Mario Vegetti, Torino, 1978. Di particolare interesse - sotto il profilo delle conoscenze anatomiche di Galeno - l'opera Galeno, Procedimenti anatomici, traduzione e note di Ivan Garofalo, Milano, 1991, che fornisce la traduzione sia della parte conservataci in greco (con testo a fronte), sia di quella il cui testo, perduto in greco, ci è stato conservato in traduzione araba. Per i microscopisti e, in genere, per la medicina e la biologia del Seicento sono fondamental il BELLONI Dall' "occhiale" di Galileo all'anatomia microscopica di M. Malpighi il "Testis examinatus" di Claudius Auberius, in Rendiconti dell'Ist. Lomb. di Sc. e Lettere, Classe di Scienze, 98 (1964), p. 205 ss. e, dello stesso Autore, l'Introduzione generale e le Premesse alle singole opere in Opere scelte di Marcello Malpighi, Torino, 1967.

Nello specifico dei singoli capitoli:

1. Borneman E., Dizionario dell'erotismo, Rizzoli, 1988
2. Bossi M. Voce: "Amore e Innamoramento" in Enciclopedia di sessuologia e Bioetica a cura di G. Russo Elledici Torino 2018
3. Cantarella E., Secondo natura, Rizzoli, 1995
4. Jannini E.A., Il sesso guarito, Sperling & Kupfer,1997
5. Jannini e coll. Trattato di sessuologia medica Edra Ed. Milano 2017
6. Kaplan H.S., The new sex therapy, Bompiani,1990
7. Kinsey A.C. et Coll., Il comportamento sessuale dell'uomo, Bompiani, 1969
8. Kinsey A.C. et Coll., Il comportamento sessuale della donna, Bompiani, 1970

9. Morali-Daninos A., Storia della sessualità, Newton, 1994
10. Musitelli S., Bossi M., Allegri. R. Storia dei costumi sessuali in occidente Rusconi 1999.
11. Rifelli G., Ziglio C., Per una storia dell'educazione sessuale. 1870-1920, La Nuova Italia, 1991
12. Rougemont (de) D., L'amore e l'Occidente, Rizzoli, 1993
13. Stone L., La sessualità nella storia, Laterza, 1995
14. Tannahill R., Storia dei costumi sessuali, Rizzoli, 1985
15. Zanobio B., Armocida. Storia della Medicina, Masson Ed. ,1997.
16. https://www.facebook.com/Storia-dei-comportamenti-sessuali-480479365393190

www.ingramcontent.com/pod-product-compliance
Ingram Content Group UK Ltd.
Pitfield, Milton Keynes, MK11 3LW, UK
UKHW021658190726
13853UKWH00001B/335

9 791280 619525